KB205695

모네타 MONETA

하나님의 경제, 세상의 경제

사랑마루
SARANGMARU

모네타 MONETA

하나님의 경제, 세상의 경제

발행일 _ 1판 1쇄 2015년 4월 10일

발행인 _ 김진호

지은이 _ 허상봉

편집인 _ 유윤종

책임편집 _ 강신덕

기획/ 편집 _ 전영욱 강영아

디자인/일러스트 _ 권미경 오인표

마케팅/ 홍보 _ 강형규 박지훈

행정지원 _ 조미정 박주영 신문섭

펴낸곳 _ 도서출판 사랑마루

서울시 강남구 테헤란로 64길 17(대치동)

대표전화 TEL (02) 3459-1051~2/ FAX (02) 3459-1070

홈페이지 http://www.eholynet.org, http://www.ibcm.kr

등록 2011년 1월 17일 등록번호/ 제2011-000013호

ISBN 979-11-86124-13-0

가격 13,000원

M O N E T A

모네타

하나님의 경제, 세상의 경제

허상봉

사람마루
SARANGMARU

성경적 경제관과
그 실천을 위한 지침서

김장환 목사 (극동방송 이사장, 수원중앙교회 원로목사)

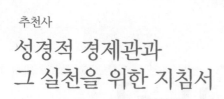

현대 사회에서 어떻게 경제를 봐야하고, 어떤 경제관을 가져야하는가는 크리스천들에게 매우 중요한 문제입니다. 크리스천들도 현실적으로 경제생활을 하고 있다는 사실이 첫 번째 이유고, 두 번째는 잘못된 경제관을 갖고 있는 경우도 많기 때문입니다.

이러한 때에 대전극동방송 목회자 자문위원이셨으며 방송설교로 방송선교에 동역하고 계신 허상봉 목사님께서 출간한 '모네타, 하나님의 경제, 사람의 경제'는 성경적인 시각에서 또한, 기독교 세계관에 입각해 경제 문제를 깊이 있게 조명하고 있습니다. 일반적으로 '경제관련 서적'하면 딱딱하게 느껴지지만 이 책은 쉽지만 결코 가볍게 느껴지지 않습니다. 이는 대학에서 경제학을 공부하고, 직접 사업도

해보셨던 허 목사님의 경험이 녹아있기에 그만큼 실제적으로 다가오는 것은 아닐까 생각합니다. 무엇보다도 허 목사님은 이 책에서 한국 교회와 크리스천들이 지역을 향한 사랑의 경제를 실현하는 통로가 되어야한다고 강조하고, 이에 대한 여러 가지 실험적인 대안들을 제시하고 있어 눈길을 끌고 있습니다.

아무쪼록 이 책이 목회자들은 물론 일반성도들에게까지 널리 읽혀져 디모데전서 6장 10절에서 말하고 있는 '일만 악의 뿌리가 되는 돈을 사랑하는 것이 아니라' 하나님을 더욱 사랑하는 세상을 조성하는 데에 크게 기여하게 되길 간절히 바랍니다.

나눔과 절제,
사랑의 경제를 시작하며

나는 목회를 넓고 든든한 그늘을 만드는 큰 나무처럼 해야 한다
고 생각한다. 땀 흘리고 수고한 무거운 짐진 자들이 와서 쉴 수 있는
공간을 만드는 게 나의 목회의 핵심이다. 나는 2014년 7월 미얀마
의 양곤시 외곽 레잇투 지역을 태원건설 장원수 사장과 방문했을 때
그곳의 교육시설이 매우 열악한 것을 보고 가슴이 아팠다. 한국으로
돌아와 모금활동을 통해 그곳에 교사와 교장의 사택과 운동장 시설,
책걸상 등을 후원하는 데 최선을 다했다.

2015년 1월 미얀마 방문 기간 중 나는 기독노인요양병원 홍승
원 원장과 하나로병원 장준 원장, 신연식 원장, 서울세브란스병원 홍
태화 의사와 협력해 국경과 종교를 초월한 의료봉사활동을 벌였다.

의료봉사활동팀은 미얀마 승려예비학교인 타와(Tawya)학교의 예비 승려 1,500여 명을 대상으로 한 의료 활동을 통해 이들에게 감동을 주었다.

나는 이 시대를 살면서 경제적으로 정치적으로 고통 받는 사람들을 보면 가슴이 아프다. 그들을 위해 든든한 그늘을 마련해 주고 싶은 마음이 굴뚝같다. 그런 감정이 일어나는 이유는 나의 지나온 과거가 참 어렵고 힘들었기 때문이다.

나는 대학에서 민주화운동을 하다가 여러 차례 제적된 경험이 있다. 결국 졸업을 못하고 직장생활을 시작했다. 그리고 27살의 젊은 나이에 사업을 시작했다가 실패를 경험하고 건강까지 위기에 처하게 되었다. 그때 하나님의 부르심을 받아 회심하고 곧장 서울신학대학에 편입학하였다.

1983년 서울에서 비닐하우스로 교회를 지어 개척을 했고, 5년 동안 세상의 중심에서 밀려나 있던 소외된 사람들과 더불어 살면서 비참한 가난을 경험하기도 했다. 그런 가운데서도 하나님의 은혜로 추수감사절에는 지역의 어려운 이웃들과 삶을 함께 하는 기쁨도 누렸고, 대학교에 장학금도 기부할 수 있었다.

2003년 동대전성결교회에 부임한 후로 내게는 또 다른 비전이 생겼다. 자라나는 학생들에게 꿈과 비전을 심어주기 위해 국내외에 비전 트립을 보내는 일이 그것이었다. 교회와 나라의 미래는 학생들에게 있다. 그렇기 때문에 학생들에게 넓은 시야를 갖도록 투자하는 것은 도래할 하나님 나라를 위한 투자이기도 하다.

나는 동대전성결교회에 부임하기 전, 예전 교회를 떠나올 때 받은 퇴직금을 모두 농촌의 어느 교회에 건축비로 전달하였다. 그때 다짐한 것은 세속적인 탐심을 버리자는 것이었다. 이 책 모네타를 쓰기까지 나는 물질에 대해 많은 연단을 받고, 재정운영에 대한 통찰력을 얻었다. 작금의 시대는 탐욕의 시대다. 물질에 대한 인간의 욕망이 하나님을 사랑하는 것보다 더한 모습으로 나타났다.

세상 사람뿐만 아니라 심지어 교인들도 교회와 목사, 성도들의 물욕에 대해 비판적인 시각을 갖고 있다. 그것은 물질에 대한 이해와 대처방식을 모르기 때문에 벌어진 일이라고 생각한다. 목회의 황혼기에 접어들면서 더욱 명확해진 그간의 돈에 대한 생각들을 정리하는 시간을 가졌다. 이 책은 자본주의 시장경제체제 안에서 경제 생활을 하는 젊은 청년들과 직장인, 주부, 대학생, 신학생들을 대상으로 써내려갔다. 그들이 이 책을 읽고 자본의 흐름과 사탄의 계략에 대해서 이해하고 공감했으면 좋겠다. 그리고 하나님나라 백성으로 앞으로의 삶 속에서 하나님 나라의 확장과 도래를 꿈꿀 수 있으면 좋겠다.

모네타는 기본적으로 자본의 흐름이 어떤 구조로 변질되는가에 대해 묘사한다. 자본의 욕망과 폭력적 구조를 정치적인 측면에서, 경제적인 측면에서, 과학기술의 측면에서, 환경파괴의 측면에서, 철학적 측면에서 분석하고 기술하려고 노력했다. 너무 무거운 주제이기 때문에 생활 속에서 일어나는 일들을 대비시켜서 설명하는 방식을 취했다. 그리고 신자유주의 시장경제 안에서 그리스도인들이 가져야 할 믿음을 사랑과 정의의 차원에서 대안적 삶의 원리로 이끌어 내려고 시도했다. 특별히 사랑의 경제 부분에서는 대안경제로서 각광을 받고 있는 여러 가지 시스템을 소개했다.

이 책을 읽는 독자들에게 제안하고 싶은 것은 각 장의 흐름과 그 안에 담겨진 자본의 실체를 파악하는 데 집중하기를 바란다. 자본주의 시장경제의 긍정적 요소는 물론 많이 있다. 하지만 지금은 그 피해가 점점 커지고 있는 실정이다. 따라서 자본의 실체를 파악하고 그 대안적 삶을 제시하지 못하면 더 큰 혼란이 야기될 것으로 예측한다. 그러기에 이 책을 끝까지 읽을 즈음에 하나님나라 백성으로서 어떻게 살것인가를 생각하고 실천하는 사람들이 많이 나타났으면 하는 바람이다.

마지막으로 이 책이 나오기까지 수고한 분들에 대한 감사를 적어본다. 기독교대한성결교회 교육국 유윤종 국장과 강신덕 목사는 나에게 이 책을 쓰도록 동기를 부여하였으며, 전영욱 목사는 나의 원고를 정리하여 한권의 책이 되도록 하는 일에 수고를 많이 하였다. 이 외에도 내가 읽었던 여러 책의 저자들에게 나는 정말 많은 도움을 얻었기에 그분들에게 감사한다.

2015년 4월

허상봉

Contents

화폐란 인간의 노력을 배치하는 정보시스템이다.
만일 현존하는 화폐 시스템이
인간이 생산할 수 있는 가치를 제대로 전달하지 못한다면,
그 시스템은 망가진 것이다.

마이클 린튼(Michael Linton)

모네타
Moneta

1장

—

자본의 욕망과
폭력

생육하고 번성하라

　2014년 10월은 성수대교 붕괴 20주기였다. 잠시 뉴스를 지켜보며 과거를 회상하는 시간을 가졌다. 1994년을 전후로 하여 대한민국에는 수많은 사건 사고들이 있었다. 낙동강 페놀방류 사건, 삼풍백화점 참사와 대구지하철 가스폭발사고, 시화호 오염, 폭우로 인한 우면동 산사태 등등 이루 다 거론할 수 없는 산업재해와 자연재해를 경험하였다. 그 피해는 고스란히 국민들의 몫이었다. 최근에는 4대강 유역의 녹조현상과 물고기들의 집단폐사가 문제의 도마에 올랐다. 국민의 세금으로 건설된 4대강이 제대로 기능하지 못하고 있다. 앞으로도 많은 돈이 투입돼야 한다는데 걱정이다.

　2014년 4월에는 세월호 사건이 있었다. 모든 국민은 슬픔에 잠겼고, 함께 울고, 함께 밤을 지새웠다. 아직도 부모의 품으로 돌아오지 못한 생명이 있다. 2014년 12월 14일 현재, 세월호는 진도 해역의 바닷속에 잠겨 있다. 최근에는 싱크홀로 사람들이 불안해 한다. 서울 송파구 석천호수 주변에 사는 주민들은 하루하루가 불안하다. 내가 사는 집이 언제 무너질지 모른다는 생각에 조그만 소리와 미동에도 밤잠을 설친다.

　비단 이런 불안함이 대한민국의 국민들 뿐이겠는가? 가까운 일본에서는 2011년 후쿠시마 원전 폭발로 인해 많은 사람들이 고통을 겪었다. 방사능 유출로 인한 피해는 사람들과 땅뿐만 아니라 동물과 식물, 인근해역의 어종에까지 영향을 미쳤다. 지진과 쓰나미는 아직도 여전히 전 세계인들의 공포의 대상이다. 아이티와 필리핀은 아직도 그 상처가 아물지 않았고, 여전히 도움의 손길이 필요하다. 앞으로도 우리가 사는 세상에 어떤 재난이 발생할지 아무도 모른다. 이런 불안감에 하루하루를 살아야 하는 사람들의 모습은 너무나 연약하다.

　　모든 결과에는 원인이 있는 법이다. 원인 없는 결과는 있을 수 없다. 그렇다면 이런 불행한 일들이 계속해서 발생하는 것도 분명 원인이 있을 것이다. 그 원인은 도대체 무엇일까? 그것은 바로 인간의 그릇된 욕망, 욕심에서 비롯되지 않았을까 생각한다. 식욕, 수면욕, 성욕, 인정을 받고 싶은 욕망 등은 인간의 기본 욕망이다. 하지만 욕심과 탐욕, 정욕, 사욕에서 비롯된 욕망이 정도를 넘어설 경우에는 인간과 자연에 대해 폭력적인 양상을 보이게 된다. 과유불급(過猶不及)이라는 말이 있다. 인간의 모든 욕망이 적정수준으로 유지되어야 하는데 그것이 상당히 어렵다.

　　자끄 라깡(Jacques Lacan)은 그의 욕망이론에서 "욕망은 늘 다른 어떤 것을 끊임없이 추구하는 힘이다. 욕망은 기본적으로 결핍된 상태에서 발생한다. 그러므로 이 결핍에서 비롯된 상태가 왜곡되어 나타날 때 집착이 생겨난다."라고 말한다. 결핍의 욕망이 과하면 왜곡된 집착으로 나타난다. 우리가 살고 있는 세상은 아름답다. 하지만 이곳저곳에서 신음하는 사람과 자연의 소리가 들리는 까닭은 인간의 과도한 욕망 때문이다. 인간의 욕망은 멈추지 않는 기관차와 비슷하다. 인간은 욕망의 포로다.

하나님은 전지전능하시고 무소부재하신 분이시다. 그분은 세상을 창조하시고 그 안에 땅과 바람, 물, 공기, 동물과 식물, 사람을 창조하셨다. 창조된 피조세계는 하나님이 보시기에 좋았다. 우리가 사는 세상의 시작은 창세기의 원역사에 따르면 정의와 평화가 공존하는 곳이고, 하나님과 인간의 사랑으로 이루어진 장소다. 그곳에는 욕심도 없고 폭력도 없다. 하지만 인간의 욕망이 개입된 후 그곳은 고통과 폭력의 장소로 변했다.

인간의 욕망은 무엇 때문에 왜곡된 집착으로 나타날까? 무엇 때문에 욕망을 절제할 수 없는 것일까? 플라톤과 아리스토텔레스는 일관되게 이상국가(理想國家)를 말한다. 철학적 사고를 통해 이상적인 나라를 건설하는 것이다. 신학도 마찬가지다. 아우구스티누스는 신국론(神國論)에서 하나님의 나라는 믿는 자들이 가야할 궁극이라 말한다. 하나님의 나라와 이상국가, 행복은 멀리 있지 않다. 하나님으로부터 멀어진 인간이 회개하고 돌이킬 때 회복될 수 있다. 한마디로 욕망을 버리면 가능하다. 하지만 하나님이 원하시는 필요를 넘어 인간이 자신의 욕망을 확장하려고 할 때에, 그 욕망은 타인을 고통스럽게 만들고 그들에게 폭력을 행사하게 된다.

　선악과를 먹은 인간, 바벨탑을 쌓은 인간의 욕망은 하나님의 영역을 침범했다. 인간은 자신의 행동을 합리화하기 위해 변명하고 또 변명한다. 하지만 결과는 낙원으로부터 추방되고 바벨탑이 무너지는 것이었다. 현대를 살아가는 그리스도인들도 저마다의 욕망을 품고 산다. 하지만 대부분의 경우 그 욕망은 세상 사람들과 별반 다르지 않다. 자신을 과시하고 싶어 하거나 물질적 욕심을 채우려는 경우가 대부분이다. 물질적 욕망을 포기하지 않으면 하나님 나라를 얻을 수 없고, 행복하게 살 수도 없다. 만약 욕망을 포기하지 않고 계속해서 주장하면 그 힘은 폭력으로 변한다. 그리고 자신이 세운 목적을 성취하기 위해 타인과 자연을 속이거나 파괴하기도 한다. 더욱이 권력자들은 자신들이 부릴 수 있는 모든 힘과 방법을 동원하여 그 욕망을 충족하려고 한다. 때로는 자신의 욕망을 위해 힘없는 자들의 권리를 빼앗거나 그들의 생명을 죽이는 일도 서슴지 않는다.

　15세기는 서구역사의 르네상스다. 문예부흥의 시작을 알리며 많은 사상가들이 나타났다. 특별히 17~8세기는 인문주의가 번창했던 시기다. 장자크 루소(Jean-Jacques Rousseau)는 사회계약설에서 자연 상태로 돌아가는 것이 인간에게 자유와 평등을 준다고 말한다. 마찬가지로 아이작 뉴턴(Isaac Newton)은 만유인력의 법칙을 발견하고 자연법칙의 진리를 주장한다. 프란시스 베이컨(Francis Bacon) 역시 신비주의를 몰아내고 과학적이고 이성적인 사고가 힘의 근간임을 역설한다. 그 결과 십자군 전쟁 패배 후 몰아닥친 사회적 불안을 잠재우기 위해 멀쩡한 사람을 마녀로 몰아 죽이는 '마녀 사냥'을 획책한다.

베이컨의 "아는 것이 힘이다."라는 말은 이성적이고, 특별히 남성 우월주의가 내재되어 있는 말이다. 신은 인간에게 특별히 남성에게 자연을 지배할 힘을 주셨다. 그는 다음과 같은 말을 남긴다. "자연은 마녀와 같아서 수시로 고문하고 겁탈해야 한다." 영어에서 '마녀(witch)'는 원래 '똑똑하다(wise)'에서 유래한다. 당시 농경사회에서 마녀는 카운슬러, 의료, 산파의 역할을 하던 '지혜로운 여자'를 뜻한다. 하지만 산업화의 시작과 더불어 자연에 대한 인간의 욕망은 극에 달한다. 더불어 정치적, 경제적 위기를 극복하기 위해 이성적이고 지배적인 남성의 주체적 힘이 필요했다. 이때부터 자연에 대한 인간의 무한 착취가 정당화된다.

르네 데카르트(Rene Descartes)는 "방법서설"에서 "나는 생각한다. 그러므로 나는 존재한다."라는 명언을 남겼다. 사유하는 것과 존재하는 것을 같은 선상에 놓았다. 모든 명제는 의심과 회의, 궁금증을 가지고 풀어야 한다. 이렇게 고민하고 의심할 때에 인간은 주체적 이성을 가진 존재가 된다. 주체적 이성을 가진 인간은 자연을 객체로 놓고 사고한다. 다른 말로 인간은 주인이고 자연은 종이다. 주인은 종을 마음대로 할 수 있다. 생각하는 인간은 모든 만물에 대해 주인이고 주체다. 그 결과 정신이 몸을 지배하듯, 인간과 자연은 지배와 피지배의 관계가 되었다. 여기서 중요한 개념은 '연장'이다. "연장할 수 있는 자연"이란 인간의 사고에 따라 늘였다가 줄였다가 할 수 있는 고무줄과 같은 존재다. 이 당시 인간은 자연에 대한 낙관론을 가지고 있었다. 그것은 인간이 자연을 무한정 착취해도 자연은 언제나 그 자리에 있을 것이라는 어리석은 생각 때문이었다.

계몽주의 사상가들은 신본중심의 사상체계를 인본중심의 사상체계로 옮겨놓았다. 그 결과 인간의 이성이 모든 자연의 중심이 되었다. 하나님 나라와 이상국가를 건설하고 행복한 삶을 살 수 있는 길은 인간의 이성적 사고로 도달 가능한 영역이 되었다. 특별히 위에서 열거한 인본주의 사상가들의 공로(?) 때문에 인간은 성경적 세계관을 잘못 해석하고 이해하는 오류를 범하게 되었다. 그 결과 하나님이 창조하신 사람과 동식물, 공기와 물, 땅들이 타락한 인간의 무한한 탐욕의 대상으로 전락하고 말았다. 자연을 무한정 개발하고 착취하려는 인간의 욕망은 인본주의와 자본주의를 거치면서 생겨난 무서운 괴물과 같다. 이 괴물은 18세기 산업혁명을 계기로 급속하게 성장하고 팽창한다. 그리고 종국에는 인간의 욕망과 자본의 욕망이 결합하면서 더 큰 괴물로 변해갔다. 지금도 세상은 경제발전이라는 목표 아래 자연을 무한정 파괴하고 있다. 그 작동원리는 바로 인간의 그릇된 욕망이다.

이 모든 것의 문제는 성경을 잘못 이해하고 해석한 결과다. 하나님은 세상을 창조하시고 말씀하셨다. "생육하고 번성하여 땅에 충만하라, 땅을 정복하라(창1:27~28)" 여기서 "땅을 정복하라(domitium terrae)"라는 말은 동식물들을 인간의 발 아래 두고 무한정 착취하고, 폭력을 행사하며, 인간들의 욕망을 위해 이용하라는 뜻이 아니다. 하나님의 의도는 하나님이 창조하신 피조물과 함께 살고, 그들과 함께 공존하며, 그들을 지키고 보호하며 관리하는 청지기의 삶을 사는 것이다. 청지기의 삶은 상생의 삶이다. 주종관계를 이루는 삶이 아닌 수평관계를 이루는 삶이다. 하나님이 창조하신 피조물의 생명은 오직 하나님께 달려있다. 인간의 욕망으로 자연을 훼손하고 침범하고 생명을 빼앗는 행위는 생명의 주인이신 하나님을 향한 불신앙이다.

인간의 왜곡된 욕망은 더불어 사는 가족과 이웃, 더 나아가 동식물들에게까지도 피해를 주고 있다. 이 욕망은 고스란히 인간에게로 돌아와 인간의 삶을 위협하는 부메랑과 같다. 부메랑이 되어 돌아온 욕망은 반드시 폭력을 동반한다. 사실 인간은 더 행복하게 살기 위해 더 많은 시간과 물질을 투자하고, 더 편리하게 살기 위해 개발하는 것이다. 혹자는 '개발이 무엇이 문제인가?'라고 생각할 수 있다. 하지만 문제는 우리가 모르는 사이에 우리의 삶의 질과 환경이 개발이라는 이름 아래 파괴되고 있다는 것이다.

욕망과 폭력은 원인과 결과의 등가물이다. 그릇된 원인은 생명을 빼앗는 결과로 나타난다. 우리는 이러한 일들을 곳곳에서 보고 느끼고 있다. 따라서 이 시대를 살아가는 그리스도인들은 생각을 달리해야 한다. 먼저 하나님이 우리에게 허락하신 자연을 착취의 대상으로 보지 않고 관리의 대상으로 봐야 한다. 그리고 하나님이 창조하신 피조세계의 모든 생명의 주권은 오직 하나님께 달려있음을 인정하고 고백하며 살아야 한다. 이를 위하여 우리에게 기독교적 가치관이 필요하다.

굶주림과 배부름

얼마 전 유니세프의 뉴스를 보니 "서아프리카에 창궐한 에볼라

바이러스로 기니, 라이베리아, 시에라 3개국의 어린아이들 3,700여 명이 부모를 모두 잃거나 한쪽 부모를 잃어 고아가 되었다.”라는 기사가 떴다. 이들 지역은 에볼라가 발생하기 전에도 에이즈로 인한 피해가 극심한 곳이었다. 의료지원과 시설이 턱없이 부족한 아프리카의 사람들은 아직도 전쟁과 질병의 공격으로부터 자유롭지 못하다. 2014년 UN의 보고에 따르면, 전 세계적으로 부모의 관심과 양육이 필요한 고아의 수는 약 1억 5천만 명이다. 또한 부모의 돌봄이 필요한 시기에 보살핌을 받지 못하고 생활전선에 나가 노동하는 어린이 노동자수는 약 1억 5천만 명이다. 이들 대부분은 자신들의 권리를 보장 받지 못하고 핍박 받고 있다고 한다.

이라세마 다 실바의 이야기에서 브라질의 한 슬럼가 주민의 이야기를 들을 수 있다. “때때로 ‘내가 죽으면 지금처럼 내 아이들이 고통당하는 모습을 보지 않아도 될 거야.’라는 생각을 한다. 어떤 때는 자살해 버릴까 하는 생각마저 한다. 나는 아이들이 배고파 우는 것을 매우 자주 본다. 하지만 아이들에게 빵을 사 줄 돈이 한 푼도 없다. 하나님, 더 이상 견딜 수가 없어요! 죽어 버리겠어요. 더 이상 이런 꼴을 보고 싶지 않아요!”

지구는 적도를 중심으로 북반부와 남반부로 나뉜다. 흔히들 세계의 경제적 분배가 불균형이라고 한다. 가진 자들과 못 가진 자들의 비율을 20:80으로 표현하기도 한다. 세계의 부의 중심도 잘사는 나라가 많은 북반부와 못사는 나라들이 많은 남반부로 나눌 수 있다. 예외적으로 오세아니아는 잘사는 쪽에 속한다. 하지만 남아메리카와 아프리카, 남아시아, 중동 등은 열강의 오랜 식민지를 경험하면서 지구상의 최하층의 삶을 사는 나라들이 많다. 문제는 이곳에 사는 아이들이 빈곤과 질병, 심지어는 노동착취의 대상이 되고 있다는 것이다. 물론 북반부에 속한 나라들도 경제적 어려움에 속한 나라들도 많다. 우리나라의 경우에도 소득 수준의 차이로 인해 어려움을 겪는 가정들이 많이 있다. 2013년 발표된 보건복지부 아동급식지원 현황에 따르면 우리나라도 결식 위험 아동의 수가 41만 6천 명에 달한다고 한다.

로날드 사이더(Ronald J. Sider)는 세계인구 중 30억에 달하는 사람들이 하루 2달러 미만의 돈으로 살아간다고 말한다. 이들 중 13억은 하루 1달러로 살아간다고 한다. 필자는 세계에서 가장 가난한 나라 방글라데시 빈민촌에서 구호활동을 한 바 있다. 미얀마에서는 의료진과 함께 3일 동안 천명에게 의료혜택을 주었다. 문제는 경제적으로 가난한 나라에 태어나서 사는 어린이들은 대부분 기초적인 의료혜택을 받을 수 없어 질병으로 인해 죽어간다는 점이다. 도대체 무엇 때문에 이런 비참한 상황이 지구의 이곳저곳에서 일어나고 있는 것일까?

세계강대국들은 19~20세기를 거치면서 많은 전쟁을 통해 자국의 부를 축적했다. 많은 나라들이 식민지로 전락했고 그 결과 식민지화된 나라의 국민들은 헐벗고 굶주림에 시달려야 했다. 20~21세기에는 세계화라는 경제정책에 힘입어 영토국가를 넘어선 경제식민지화가 세계 여러 나라에서 일어났다. 독일의 사회학자 울리히 벡(Ulrich Beck)은 "세계화의 결과로 우리사회는 위험사회로 전환되었다."라고 말한다. 위험사회가 발전함에 따라 사회적 위험 때문에 피해를 입은 사람과 그로부터 이윤을 얻은 사람들 간의 적대감이 점점 더 증대된다.

여기서 '위험' 때문에 피해를 입은 사람들은 누구인가? 빈민국의 다수의 국민들과 아이들, 여성들이다. 세계화를 경험하면서 여성들의 입장도 달라졌다. 전통적인 가족계획에서 탈피하여 자녀를 출산하는 일에 소극적으로 대처한다. 임신중절을 하거나 피임을 통해 자녀 낳기를 거부하거나 통제한다. 또한 여성들은 윤택한 경제적 삶을 선택할 수 있는 권리를 가짐으로 인해 이전의 가부장적 권위 아래 형성된 가정의 구조를 바꾸었다. 그 결과 여성들은 경제적 독립을 할 수 있게 되었고, 더 이상 행복하지 않은 결혼생활을 유지할 필요가 없었다. 이혼율이 급증하고 아이들이 점차로 방치되었다. 경제적 삶을 위해 아이들을 위탁 또는 교육시설에 맡기고 생활전선에 뛰어든 부모들의 삶은 여전히 분주하고 바쁘다. 그렇다고 그들의 경제적 수준이 더 나아지는 것은 아니다. 오히려 가족의 불화와 대화 단절, 부부 간의 갈등과 충돌로 이어지는 경우가 허다하다. 이 모든 것의 피해자는 가족 구성원, 바로 자녀들이다.

어른들의 그릇된 욕망으로 빚어진 싸움과 다툼으로 피해를 보는 대상은 우리의 자녀들이다. 실제적으로 전쟁과 질병으로 인해 부모를 잃은 아이들은 삶의 사각지대에 놓여 있다. 누군가는 그들을 돌봐야 한다. 하지만 여전히 가진 자들의 횡포와 무관심이 우리사회를 위험사회로 이끌고 있다. 정치적 권력과 경제적 욕망은 끊임없이 힘 있는 쪽으로 이동한다. 그리고 힘없는 어린이들과 노약자들, 여성들을 핍박하고 괴롭힌다. 폭력적인 지배로 이들 위에 군림한다.

현대를 살아가는 그리스도인들은 정신을 차려야 한다. 세계는 자본이라는 굴레에 따라 급속히 빠르게 변해간다. 정신을 차리지 않으면 신앙을 잃어버리고 그저 세상의 제도에 따라 살 수밖에 없다. 지금은 위험사회다. 그러나 "위기가 곧 기회"란 말이 있다. 여러 가지 그릇된 욕망으로 얼룩진 세상 속에서 승리하려면 욕망을 내려놓아야 한다. "저력은 위기 때에 나타난다."는 말도 있다. 이스라엘은 국가 부도의 위기에서 5년 만에 1인당 국민소득 1만 7천 달러로 일어선 국가다. 이스라엘 대사관의 샤프란스키(Ariel Shafransky) 전 공보관은 "이스라엘은 1984년 외환위기를 맞아 대학생들의 40%가 학업을 중단하고 국민들은 소비의 욕망을 버렸습니다. 정부가 고용창출을 위해 노력하는 것에 국민이 힘을 실었습니다."라고 말했다. 위험에 처한 것을 인식하고 나면 그것을 극복할 방법을 찾는 것이 순서다. 그 방법은 바로 "나부터 정신을 차리는 것"이다.

자정능력을 잃은 자연

인간의 욕망은 정치, 경제, 환경, 과학기술, 철학 등등 여러 가지의 분야에 걸쳐 나타난다. 이 욕망의 근원에는 권력자의 위치에서 최대한의 이윤을 얻기 위한 모략이 새겨져있다. 따라서 경제적 이윤을 얻지 못하도록 방해하는 것들은 어떤 수단과 방법을 써서라도 저지하려고 한다. 그 결과 발생하는 피해는 고스란히 힘없는 인간의 몫으로 돌아가고, 자연의 파괴로 나타난다. 이렇듯 돈은 욕망과 폭력의 구조를 가지고 우리의 삶을 맴돌고 있다.

어렸을 때, 개울에서 수영을 했던 기억들이 생생하다. 친구와 함께 신나게 물놀이를 하던 중 친구가 물속에서 오줌을 누었다. 친구는 아무 거리낌 없이 말했다. "자연은 자정효과라는 게 있어! 금방 깨끗

해질 거야. 걱정 마!" 흐르는 물속에서 오줌은 금방 흘러내려갔다. 하지만 만약 자연이 스스로 정화하는 능력을 잃어버리면 어떻게 될까? 궁금했다. 몇 년이 지나 다시 찾은 그곳은 여전히 수영하는 사람들이 많았다. 그런데 개울의 물은 그리 맑지 않았다. 전보다 많이 탁해져 있었다. 개울 바로 밑에는 시멘트로 만든 인공 둑이 생겼다. 물이 많이 고여 있어야 많은 사람들이 찾을 것이라는 판단 하에 마을주민들이 직접 만든 것이다. 확실히 예전보다 음식점과 민박집도 많이 들어섰다. 들뜬 마음으로 물 속에 들어갔지만 실망하지 않을 수 없었다. 개울의 물은 이미 예전의 수질이 아니었다. 눈을 뜨고 수영할 수 있는 곳이었는데 물 속이 이미 탁해져 있었고 냄새도 심하게 났다. 다시는 오고 싶지 않았다. 인공으로 만든 둑 때문에 유속이 현저히 느려졌고, 많은 사람들의 분비물과 쓰레기로 인해 개울가는 이미 자정능력을 잃어버렸다.

자연과 더불어 사는 인간은 자연을 잘 관리해야 한다. 만약 자연을 돈벌이 수단으로 이용하려고 한다면, 자연이 스스로 정화할 수 있는 적정수준의 시간을 자연에게 주어야 한다. 자연의 자정효과를 무시한 채 개발을 하거나 함부로 이용하려고 한다면 자연의 재해가 고스란히 인간에게로 되돌아온다. 중국의 내몽골은 한 달에 1미리의 강수량도 유지하지 못한다. 그래서 이곳에서 불어오는 황사로 베이

징과 상하이는 물론 중국 전역과 한국, 일본까지 피해를 입는다. 급격히 성장한 중국경제의 산물인 산업 배기가스와 자동차 배기가스는 대기오염과 강수량에 영향을 준다. 대기를 오염시킨 인간의 난개발은 엘니뇨와 라니냐를 동반하며 인간에게 피해를 가져다준다. 불안정한 대기는 지역에 따라 집중호우로 피해를 주기도 하며, 반대로 강수량의 저하로 농작물과 경작지가 메말라 죽기도 한다.

중국은 21세기 최고의 광물자원인 희토류(Rare Earth Elements) 생산국가다. 희토류는 전기자동차, 전투기, 휴대폰, 배터리, 텔레비전 등에 필수적으로 사용되는 광물이다. 중국은 세계 희토류 생산의 50%를 차지하고 있다. 학자에 따라서는 "세계매장량의 85%가 중국 내몽고지역에 있다."라고 말하기도 한다. 얼마 전 텔레비전에서는 희토류 생산에 투입된 중국노동자들의 산업재해문제를 다뤘다. 희토류산업은 엄청난 공해를 수반한다. 1톤의 희토류를 생산하기 위해서는 약 20만 리터의 산성폐수와 1톤 이상의 방사성 공업폐수를 감수해야 한다. 그러나 중국은 지역민의 희생을 감수하고서라도 희토류 개발을 추진하고 있다. 그 이유는 단순하다. 희토류 개발이 국가의 경제적 이윤을 높이는 결과를 가져오기 때문이다. 경제적 개발이라는 욕망은 그 지역민들에게 일순간의 물질적 안정을 가져다준다. 하지만 동시에 그들의 생명과 환경, 미래도 앗아가고 있다.

브라질은 1990년대 금융위기를 겪으면서 IMF의 요구대로 국가기간 산업을 민영화하고, 국채를 변상하기 위해 수출주도형 경제로 전환했다. 이때 다국적기업들이 브라질의 아마존에 대단위 커피 플랜테이션을 건설하려고 세계의 허파라고 하는 아마존유역의 자연을 훼손하기 시작했다. 학자마다 다소 의견 차이는 있지만 아마존 생태계의 30~40%가 파괴되었다고 한다. 브라질 원주민들과 그들의 자녀들은 커피를 생산하기 위해 하루 종일 값싼 노동력에 시달려야 했고, 자정능력을 잃은 아마존의 자연생태계는 홍수와 잦은 물의 범람으로 인간의 삶의 터전에 피해를 안겨다 주었다. 다국적 자본의 위력이 자연을 훼손하는 결과를 낳은 것이다. 그 결과 브라질 원주민들은 돈에 대한 욕심은 커졌지만 삶의 환경과 질은 더없이 추락하게 되었다. 환경론자들은 "아마존의 자연환경을 개발 이전 상태로 돌려놓으려면 투자한 돈의 몇백 배가 더 든다."라고 말한다. "과연 인간과 자연보다 돈이 더 중요한 것일까?" 질문을 던져봐야 한다.

마이클 샌델(Michael J. Sandel)은 그의 저서 "돈으로 살 수 없는 것들"에서 자본주의 시장경제와 도덕의 관계에 대해 말한다. "스위스는 방사능 핵폐기물을 저장할 장소를 찾으려고 수년간 노력해왔다. 하지만 핵 폐기장이 들어서는 것을 원하는 지역사회는 거의 없다. 스위스 중부에 위치한 인구 2,100명의 볼펜쉔이라는 작은 산악마을은 1993년 핵 폐기장 건립 장소로 거론되어 투표를 했다. 그 결과 거주민의 51%가 찬성하여 핵 폐기장 유치를 승인했다. 찬성한 사람들은 국가가 원자력에 크게 의존하고 있고, 본인들도 그 혜택을 누리고 있기 때문에, 자신들이 사는 곳이 가장 적합한 장소라면 시민적 의무를 다하겠다고 판단한 것이다. 그러나 시의회에서 이 지역주민에게 매년 보상비를 지불하겠다고 제안을 하자 문제가 시작되었다. 핵 폐기장 건립에 찬성하는 비율이 51%에서 25%로 떨어졌다. 돈으로 보상을 하겠다는 권력자들의 제안이 자발적으로 건립을 받아들이겠다는 주민의 시민적 의지를 약화시켰다. 결과적으로 공공선에 대한 주민들의 도덕적 의무는 돈으로 살 수 없는 것들이었다."

우리가 살고 있는 지구는 지금 신음하고 있다. 지구의 환경은 한계상황을 넘어 위험수위에 다다랐다. 자정능력을 잃어버린 생태계가 도리어 인간을 공격하기에 이르렀다. 이 모든 결과는 하나님께서 창조하신 자연을 잘 관리하지 못한 그리스도인의 책임이다. 병들어 가는 지구를 살릴 길은 그리스도인들이 자연에 대한 책임과 의무를 다하는 것이다. 작게는 쓰레기 분리수거에서부터 시작하여 크게는 환경문제를 다루는 법의 결정까지도 관심을 가져야 한다. 우리가 살고 있는 세계는 돈으로 살 수 없는 것들이 참으로 많다. 그렇기 때문에 지켜야 할 가치와 보존해야 할 가치를 찾는 자세가 필요하다. 그런 행동이 미래를 위한 그리스도인들의 책임적 행동이기 때문이다.

신자유주의 경제

요즘 대학생들의 취업난은 대학입시보다 어렵다. 일류기업에 입사하기 위해서는 최대한의 스펙(Specification)을 갖추어야 한다. 외모와 외국어는 물론 관련분야의 업무지식도 준비해야 한다. 대학을 졸업하고 회사에 입사하면 그것으로 끝나지 않는다. 입사 후에는 무한경쟁에 돌입하여 치열한 경쟁을 하여야 자리를 보존하거나 승진을 할 수 있다. 기업은 이런 유능한 인재들의 노동력을 통해 기업의 이윤을 극대화하기를 원한다. 예전에 이런 질문을 했다. "현대의 정주영 회장이 현대에 속한 근로자들을 먹여 살리는 것이냐? 아니면 현대의 근로자들이 정주영 회장을 먹여 살리는 것이냐?" 어떻게 보면 기업주가 있기 때문에 기업에 속한 근로자들이 존재하는 것처럼 보인다. 하지만 기업의 특성상 근로자의 노동력을 통한 이윤창출이 없으면 기업은 존재할 수가 없다. 사실 이 질문은 어느 쪽의 입장을 대변하느냐에 따라서 그 접근방법이 매우 달라지고, 그에 따른 답변도 달라지게 된다.

대한민국 헌법 1조 1항에는 "대한민국의 주권은 국민에게 있고,

모든 권력은 국민으로부터 나온다.”고 명시되어 있다. 일반적으로 국가의 3대 구성요소는 “국민, 영토, 주권”이다. 국민이 국가의 기본이고 핵심이다. 1789년 7월 14일에 일어난 프랑스혁명은 자유, 평등, 박애의 정신을 담고 있다. 이 혁명의 동기가 된 장자크 루소 (Jean Jacques Rousseau)의 “사회계약론”의 핵심은 인민주권론이다. 그에 따르면 “인민(People)의 의지야말로 주권의 기초이며 법이나 정부도 여기서 나온다.”라고 말한다. 또한 루소는 “이 국민의 의지는 절대적이며 그르친다는 예외도 없고, 타인에게 양도나 분할도 불가하다. 따라서 주권 또한 절대적이다.”라고 덧붙인다. 여기서도 “국가가 먼저냐? 아니면 국민이 먼저냐?”라는 질문을 던질 수 있다. 예전에 프랑스의 대학교 입학시험 바칼로레아(Baccalaureat) 문제를 본 적이 있다. 인문사회과학 영역 중에 “국가는 개인의 적인가?”를 논술하라는 질문이 기억에 남는다. 국가는 개인을 보호해야 한다. 그리고 개인은 국가에 충성해야 한다. 이것이 일반적인 답이다. 그런데 국가가 개인을 보호하지 않을 때 개인은 어떻게 해야 하는가?, 혹은 반대로 ‘개인이 국가에 대해 충성하지 않을 때 국가는 개인에게 어떤 조치를 취할 수 있는가?’에 대해서 논하기 시작하면 문제가 복잡해진다.

　　인간의 욕망이 폭력적 현상으로 나타나는 주된 분야 중 하나가

경제다. 인류의 시작부터 함께해 온 경제는 20세기에 접어들면서 본격화된다. 20세기의 시장경제는 "시장의 기능을 최대한 살릴 것인가? 아니면 국가가 개입하여 주도적으로 진행할 것인가? 아니면 시장과 국가가 적당한 경계를 가지고 진행할 것인가?"의 관계로 진행된다. 1980년대 초 세계경제를 이끌고 있던 쌍두마차, 미국의 로널드 레이건(Ronald Reagan)과 영국의 마거릿 대처(Margaret Thatcher)는 번영과 자유의 경제적 삶은 국가가 아닌 시장이라고 선언했다. 시장지상주의의 시대가 열린 것이다. 여기서도 "국가개입경제 즉 계획경제체제냐, 아니면 시장경제체제냐?"의 질문을 던질 수 있다.

이런 분위기에 힘입어 미국의 저명한 철학자 마이클 노박(Michael Novak)은 그의 명저 "민주자본주의 정신"이라는 책에서 다음과 같은 말을 했다. "자본주의는 마르크스의 주장처럼 생산수단의 사적 소유와 시장의 교환, 이익으로 규정되는 것이 아니다. 이런 요소는 자본주의 이전에도 존재했다. 자본주의 경제를 특징짓는 요소는 새로운 재화를 개발하고 대중에게 효율적으로 보급하기 위한 방법을 찾는 기업이다." 노박은 민주주의와 자본주의를 하나의 실체로 보고 이런 말을 만들어냈다. '민주자본주의'. 그리고 그는 "민주자본주의의 핵심은 기업"이라고 명명했다.

이때부터 "국가의 주권은 국민에게 있다."라는 말보다 "민주자본주의의 핵심은 기업이다."라는 말이 더 부각된다. 신자유주의의 대부인 오스트리아의 경제학자 프리드리히 A. 폰 하이에크(Friedrich August von Hayek)는 "신자유주의의 장점은 사유재산과 개인의 경제적 자유에 있다."라고 말한다. 이를 바탕으로 신자유주의는 자유시장과 자유무역, 규제완화, 법에 의한 통치 등을 통해 경제적 혁신을 이루었다.

하지만 신자유주의는 많은 문제점을 양산했다. 소득 양극화를 심화시키고, 노동자들을 억압하며, 미국의 경제 식민지를 정당화하는 데 일조를 한다. 2008년 미국을 강타한 금융위기는 신자유주의 시장경제에 대한 믿음을 약화시켰다. 2011년 9월 뉴욕 맨해튼 주코티에서 벌어진 젊은이들의 시위는 "월스트리트를 점령하라."라는 구호와 함께 전 세계로 퍼져갔다. 그들은 "우리는 미국의 최고 부자 1%에 저항하는 99% 미국인의 입장을 대변한다. 미국의 상위 1%가 미국 전체 부의 50%를 장악하고 있다."라고 외쳤다. 사람들은 자본주의를 가리켜 "근본적으로 탐욕스럽고 부도덕하며, 부자들은 가난한 이들을 희생시켜 더 큰 부자가 된다. 시장이 개방되면서 소규모 자영업자는 무자비하게 내팽개쳐지고, 공기업의 민영화는 가격 인상을 초래해 서민들의 삶을 피폐하게 만든다."라고 비난한다.

그러나 시장경제는 계획경제보다 인간의 자유와 인권을 신장시키고 물질적 삶도 고양시켰다. 경제학자 슘페터(Joseph Alois Schumpeter)는 "인간의 삶은 창조적 파괴를 통해 진화한다."라고 말한다. 미래학자인 앨빈 토플러(Alvin Toffler)는 "인류는 과거처럼 시장경제 위기에서도 지식과 기술을 재창조해 새로운 돌파구를 여는 지혜를 보여줄 것으로 전망한다."라고 말한다. 러시아의 차르(Tzar)시대가 몰락한 후 세계패권을 쥐고 있던 러시아는 트로츠키(Trotsky)의 멘셰비키 혁명과 레닌(Lenin)의 볼셰비키 혁명의 소용돌이에 휩싸였다. 이후 레닌의 볼셰비키가 집권하여 소비에트 연방을 건립한 후 사회주의가 승승장구하는 것처럼 보였다. 하지만 스탈린(Stalin)의 집권 이후 사회주의는 교조적 권력집단으로 변하여 사회주의의 몰락을 예견하게 했다. 이후 1986년 고르바초프(Gorbachev)는 페레스트로이카(perestroika)를 부르짖으며 사회주의 체제의 붕괴를 알렸고 민주화와 자유화를 바탕으로 한 자본주의 시장경제체제를 받아들였다.

신자유주의 시장경제는 20세기와 21세기 초까지 세계경제의 주요 흐름으로 대두되었다. 하지만 2008년 미국 발 금융위기를 기점으로 세계는 신자유주의 시장경제에 대한 불안감을 표현하며 세계경제의 새로운 해법이 나타나길 바라고 있는 실정이다.

마이클 샌델은 이러한 신자유주의 시장경제의 결점을 권력자들의 탐욕의 결과라고 지적하고, 자본의 탐욕이 우리의 삶의 영역에까지 침투하여 도덕적 해이가 만연한 사회로 확대되는 것을 비판한다. 그렇기 때문에 올바른 시장경제는 반드시 도덕적 책임을 수반한다. 경제학자 아나톨 칼레츠키(Anatole Kaletsky)도 신자유주의 시장경제체제의 경제적 불평등을 지적하면서 그 대안으로 "자본주의 4.0"이라는 책을 출간했다. 칼레츠키는 자유방임(1.0) 시장경제와 정부주도(2.0) 시장경제, 신자유주의(3.0) 시장경제를 지나서 자본주의 4.0의 시대를 말한다. 자본주의 4.0은 기업과 정부의 경계가 모호해지고 협업관계가 발전하고 윤리적으로 도덕적으로 발전된 대안경제체제다. 즉 미래의 대안 경제는 윤리적이고 도덕적인 기준이 명확해야 한다.

스탠퍼드 대학교의 경영학 박사 톰 피터스(Tom Peters)는 만약 우리 자신이 스스로 틀을 벗어나지 않으면 변화는 없다고 말하며, 미래사회에서 변하지 않는 자는 낙오될 것이며, 혁명의 시기에 도태될 것이라고 말한다. 따라서 미래의 경제적 대안을 기대하고 준비하는 자세는 기존의 틀을 벗어나는 작업이다. '자본, 돈, 이윤'이라는 틀을 넘어서야 한다. 하지만 아직도 이것들은 우리의 현실이고 삶의 굴레다. 때문에 현실을 직시하고 그것에 직면한 문제를 의식하고 파악하는 자세가 필요하다. 신자유주의 시장경제는 아직도 세계 곳곳에서 선명한 흔적을 남기며 활동하고 있다. 그 핵심주체는 바로 다국적 기업(multinational corporation)과 다국적 자본(multinational capital)이다. 따라서 이들의 실체를 아는 작업이 필요하다.

다국적 기업과 다국적 자본

현대를 살아가는 바쁜 직장인들에게 패스트푸드(fast food)가 매우 각광을 받고 있다. 사실 직장인 뿐만 아니라 자라나는 아이들에게도 인기가 좋다. 목회를 하면서 학생들에게 간혹 피자나 햄버거를 사준 적이 있다. 코카콜라와 같은 탄산음료는 햄버거와 함께 먹으면 맛이 좋다. 한국인의 커피 사랑은 세계적으로도 유명하다. 점심식사를 마치고 커피 한 잔을 손에 들고 나와 거리를 걷고 있는 사람들을 쉽게 볼 수 있다. 그러나 우리사회 전반에 불어 닥친 패스트푸드 열광은 정말 바람직한 현상일까? 현대인들의 가장 심각한 질병인 심혈관질환과 각종 암들의 원인은 중성지방과 콜레스테롤이 대부분을 차지한다. 현대인들은 육류와 더불어 인스턴트식품을 과다 섭취한다. 사람들은 예전부터 소고기를 먹으면 좀 있어 보이고, 돼지고기를 먹으면 좀 없어 보인다는 생각을 해 왔다. 사실 손님이 왔을 때 맛 좋은 소고기를 대접하는 것이 돼지고기를 대접하는 것보다 좋다고 생각한다. 왜일까? 예로부터 소는 부의 상징이었다. 20년 전만 해도 소고기는 마음껏 먹을 수 있는 음식이 아니었다. 물론 지금도 마찬가지다.

제레미 리프킨(Jeremy Rifkin)의 "육식의 종말"을 읽어 보면, 소와 인류의 역사를 묶어서 설명한다. 사람들은 소고기를 정말 좋아한다. 세계 어디를 가도 소고기는 사람들의 인기를 독차지하는 메뉴다. 이렇게 사람들이 소에 열광하는 만큼, 세계 곳곳에 분포하고 있는 소의 숫자도 엄청나게 많다. 실제로 미국에서 생산되는 모든 곡물의 70%를 소가 소비한다. 전 세계적으로는 세계 곡물생산의 30%를 소와 육축이 소비하고 있다. 굶어 죽는 사람들은 있어도 굶어 죽는 소는 없다. 소들이 먹는 곡물도 대단하지만 소들을 목축하는 땅의 면적과 그들이 배설하는 분비물의 양도 엄청나다. 또한 소의 배설물은 직간접적으로 주변 하천과 땅을 파괴하는 주요원인이다.

그런데 더 심각한 문제도 많다. 소고기 소비에 대한 사람들의 욕구를 충족하기 위해서는 그만큼의 공급량을 늘려야 한다. 소고기를 빠르게 공급하는 만큼 기업의 이윤이 증가하기 때문이다. 따라서 기업들은 어린 송아지들이 빠르고 크게 자라도록 하기 위해 비정상적인 양육방법을 동원한다. 관리자들은 최단 시간에 최적의 무게를 얻기 위해 성장 촉진 호르몬과 사료 첨가제 같은 약제들을 소에게 투약한다. 스테로이드가 첨가된 이 약들은 호르몬 수치를 2~5배까지 끌어올린다. 어떤 사료를 먹이면 결과적으로 정상적인 사료를 먹이는 경우보다 30% 정도 더 빨리 체중이 불어난다. 이렇게 사육된 소들은 기업의 이윤창출을 위한 유통과정을 거쳐 사람들의 식탁으로 올라온다.

지난 2014년 10월 15일 미국의 온라인미디어 버즈피드(Buzz feed)는 유명 패스트푸드 체인의 햄버거 7개를 30일 동안 밀폐된 병에 넣고 변화를 지켜본 영상을 공개했다. 그 결과 6개의 햄버거가 빵과 고기 등이 빠르게 부패하고 곰팡이가 생겼다. 그런데 맥도날드의 햄버거는 처음과 같은 모습을 유지했다. 혹자들은 맥도날드 햄버거에 각종 방부제와 식품 첨가물이 가득 들어있기 때문이라고 말했다. 기업의 이윤을 위해 사람들이 먹는 음식에 유해한 물질들을 집어넣는 것은 비윤리적이고 비도덕적인 일이다.

세계는 지금 다국적 기업(multinational corporation)의 지배 아래 있다. 우리가 알고 있는 유명 상표의 기업들 대부분은 다국적 기업이다. 맥도날드, 코카콜라, 스타벅스, 마이크로소프트, 애플, 제너럴 모터스, 포드, 벤츠, 아우디, 캐논, 혼다, 아디다스 등등 이루 다 말할 수 없는 다국적 기업이 세계적으로 4만 개에 이르고 있고, 그 기업들은 저마다 노동력이 싼 산업국가들에 그 시설기반을 두고 있다. 현재 세계적으로 가장 노동력이 싼 나라는 중국이나 베트남, 말레이시아 등이다. 이들 나라에서 만들어진 상품은 전 세계를 누비고 있다. 하지만 그 상표와 이윤은 이들 나라의 것이 아니다. 약 4만여 개의 초국적 기업들이 전 세계 수출입의 75%를 담당하고 있다. 데이비드 코튼(David Korten)의 "기업이 세계를 지배할 때"란 책에서 보면 "오늘날 세계의 500대 기업이 전 세계 경제생산의 25%를 지배한다.", "세계 300대 기업이 전 세계 생산관련 자산의 약 25%를 소유하고 있다.", "세계 50대 상업은행 및 다각화 금융회사가 전 세계 자본의 약 60%를 통제한다."라고 기술하고 있다.

이렇게 엄청난 부과 권력이 소수의 다국적 기업에 의해 지배되는 것은 신자유주의 시장경제의 영향 때문이다. 다국적 기업은 자국의 영토에 제한되지 않고, 이윤을 극대화할 수 있다면 어디든 간다. 가령, 한 기업의 본사는 한국에 있지만 공장은 중국이나 베트남, 말레이시아에 설립한다. 그 이유는 한국 근로자들의 임금보다 중국, 베트남, 말레이시아 근로자들의 임금이 상대적으로 싸기 때문이다. 그곳에서 값싼 원료와 값싼 노동력으로 제품을 대량생산하고, 전 세계 여러 나라에 기업 체인점을 두고, 전 세계를 대상으로 마케팅을 한다. 이렇게 얻은 이윤은 기업을 확장하고 유지하는 데 재투자된다.

결국 다국적 기업은 국가 간의 무역장벽을 넘어 자본의 이동과 노동력의 이동을 자유롭게 만든다. 다국적 기업이 진출한 나라는 일자리를 얻는 것과 동시에 기업의 이윤의 일정금액을 국가수입으로 얻을 수 있는 장점이 있다. 하지만 공장에서 배출하는 공업폐수와 쓰레기들이 현지의 환경문제를 악화시키는 결과를 초래한다. 더불어 다국적 기업의 이윤은 거대기업을 키우는 데 이바지하고 전 세계적인 양극화 현상을 더욱 심화시킨다. 한 나라가 부강하려면 땅과 자본, 노동이 그 나라의 울타리 안에서 순환되어야 하는데 다국적 기업은 이를 무시하고 영토의 경계를 무너뜨린다. 결국 다국적 기업의 욕망은 그들이 진출한 나라를 부강하게 만드는 것이 아니라 그 나라의 노동력을 이용하고 환경을 파괴하며 그것으로부터 얻은 이윤을 극대화하는 데에 목적을 둔다.

독일의 사회학자 울리히 두크로(Ulich Duchrow)는 "이런 다국적 기업의 욕망이 전 세계적으로 인류의 삶의 질을 양극화하는 데 앞장서고 있다."라고 말한다. 그의 저서 "자본주의 세계경제의 대안"에 보면 "다국적 기업을 통해 이익을 얻는 극소수의 사람들은 세계인구의 5%에 지나지 않는다. 나머지 15%는 기업 활동 사이에서 부당이익을 취하는 자들이고, 나머지 80%는 이익을 경험하지 못한다."라고 설명한다.

그리고 다국적 기업을 돕는 또 하나의 실체가 있다. 바로 다국적 자본이다. 미국의 연방준비은행(FRB)이나 영국중앙은행(BE), 국제통화기금(IMF)이나 세계은행(WB), 세계무역협정(FTA) 등을 가리켜 다국적 자본이라고 한다. 이들은 우리가 알다시피 한 국가가 운영하는 기관이 아니라 주주총회로 구성된 주식회사(Corporation)다. 이들은 근본적으로 금융자산 소유자인 은행의 대주주와 생산수단의 소유자인 기업의 대주주를 위한 무제한적 화폐증식을 목적으로 운영된다. 무역관세정책과 환율과 대출이자, 매커니즘을 통해 무제한적 성장을 꿈꾸고 이룬다.

금융의 힘은 대단하다. 위에서 언급했지만 기업이 세계를 지배하고 있다고 해도 과언이 아니다. 물론 기업이 국민들의 삶에 기여하는 장점도 헤아릴 수 없이 많다. 하지만 과도한 기업의 욕망은 지구의 자연환경을 파괴하고, 노동시장의 비인간화를 초래한다. 전 지구적 삶의 질을 격하시키는 것만은 사실이다. 이러한 시대에 하나님의 백성으로서의 그리스도인은 다국적 기업의 특성을 파악하고 손빠르게 대처하는 경제적 삶을 취하여야 한다.

과학기술과 유전자 변이

인류는 끊임없이 성장하며 진보한다. 그 성장의 원동력은 당연히 과학기술의 발전이다. 사회학자 다니엘 벨(Daniel Bell)은 인류 사회를 산업화 이전의 사회와 산업화 사회, 그리고 산업화 이후의 사회로 구분한다. 산업화 이후의 사회는 지식기반 사회다. 벨은 "산업화 이전시대나 산업화 시대에는 자연과 경쟁을 했다면, 사람들과의 경쟁을 하는 시대가 산업화 이후 사회의 특징"이라고 말한다. 다른 말로 하면 산업화 시대에는 자연을 통해 이윤을 창출했다고 한다면 산업화 이후의 시대는 사람들 간의 소통을 통한 정보와 지식을 통해 이윤을 창출한다.

경제학자이며 사회학자인 피터 드러커(Peter Drucker)도 미래 사회의 가치를 생산하는 것은 자본과 노동이 아니라 지식과 정보라고 주장한다. 경제적 부를 창출하는 것은 자본과 토지, 노동이 아니라 새로운 생산수단인 정보와 지식이다. 21세기는 정보와 지식을 기반으로 한 과학기술의 발전을 경험하며 살고 있다. 과학기술의 발전은 인류가 얼마나 진화했는가를 보여주는 결정체와도 같다.

필자는 2002년 한일 월드컵이 열리던 해에 EBS에서 제작한 과학프로그램에서 유비쿼터스(Ubiquitous)라는 말을 처음 들었다. 유비쿼터스는 시간과 장소에 구애받지 않고 언제나 정보통신망에 접속하여 다양한 정보통신서비스를 활용할 수 있는 환경을 의미한다. 과학기술이 인간의 삶의 질을 높여줄 수 있다는 말이 흥미롭게 다가

왔다. 지금도 기억나는 몇 가지의 예들이 있다. 사람의 치아에 전화 기능을 집어넣고 통화하는 기술, 인터넷 영상과 로봇을 이용해 미국에 있는 의사가 다른 나라에 있는 환자를 수술하는 장면, 컴퓨터 키보드를 작동하지 않고 센서로 안구의 움직임을 파악하여 문서를 작성하는 기술 등 웨어러블 컴퓨팅(wearable computing)기술의 과학적 진보를 선보였다. 그때는 '정말 저런 날이 올까?'하는 생각과 동시에 '정말 과학기술이 인간의 삶의 질을 높일 수 있는 것일까?'하는 생각을 했었다.

토마스 쿤(Thomas Kuhn)의 명저 "과학혁명의 구조"를 보면 과학혁명은 순환적 의미를 가진다. 흡사 변증법과 같이 가설을 세우고 그것을 증명하는 작업이 순환적으로 반복된다. 새로운 패러다임이 발생하고, 변칙이 발생하고, 또 다시 새로운 패러다임이 발생하고 정립되는 일련의 과정을 반복함으로 과학혁명의 구조를 형성한다. 이렇듯 과학이란 것이 본래 가설에서 시작하여 그것을 입증하기 위한 끝없는 실험의 연속이다. 그렇다면 가설이란 무엇인가? 가설은 아직 참이 아닌 물질과 사상을 참으로 증명하거나 만들기 위해 세운 이론적 토대다. 가설 그 자체가 참일 수는 없고 거짓일 가능성이 많다. 만약 실험에 성공하지 못하면 거짓으로 판명되는 것이고, 실험에 성공하면 참이 되는 것이다. 또 가설을 세워놓고 그것을 입증하는 실험을 진행할 때, 그 실험에 정치적 혹은 경제적 힘이 작용하면 그 실험은 힘의 논리에 따라 변형되거나 정당한 결론을 도출해내지 못하는 결과도 초래하게 된다.

18세기 영국의 산업혁명을 주도했던 그룹들이 있다. 그들은 새로운 패러다임을 가지고 과학혁명을 이끌었다. 그들은 바로 영국의 왕립학회다. 왕립학회는 1660년 창립된 지식인 및 학자들의 모임이다. 이 학회는 영국의 과학 아카데미의 역할을 하며, 영국 정부로부터 매년 4천만 파운드의 예산을 지원받는다. 영국 정부로부터 지원을 받은 이들은 정부 주도하에 국가가 원하는 기술을 연구한다. 학문적 자유에 약간의 강제성이 나타난다. 대한민국도 이와 비슷한 제도가 있다. BK21(Brain Korea 21 Program)이다. 학교와 학생에게 정부가 연구비를 지원하고 연구할 수 있도록 만든 프로그램이다. 각 대학은 BK21에 참여하여 연구비를 타려고 노력한다. 이러한 정부주도형 과학연구 프로젝트가 미국을 포함한 세계 여러 나라에서 시행되고 있다.

그런데 이런 연구비 지원 프로젝트는 국가가 필요로 하는 연구를 진행할 때 지원받을 수 있는 확률이 커진다. 달리 말하면, 국가 주도형 사업을 진행하는 데에 대학이 그 역할을 감당한다는 것이다. 국가 경쟁력 차원에서는 바람직한 제도다. 하지만 국가권력이 연구에 개입하고 결과물들이 경제적 함수에 따라 변형된다면 순수한 연구라고 할 수 없다. 심지어 연구의 결과물들이 지구환경을 훼손하는 전쟁무기와 같은 것을 개발하는 데 사용된다면, 그것은 순수한 학문의 결과를 오용하는 사례가 될 것이다. 미국의 경우 군산복합체(military industrial complex)가 경제의 많은 부분을 감당하고 있다. 대학교와 기업, 국가가 연합한 군산복합체에서 기업은 군사무기 개발을 위한 자본을 지원한다. 그리고 대학은 그것을 연구하여 국가에 합법적 절차에 따른 승인을 받고, 국가는 다시 기업을 통하여 전쟁에 필요한 군사무기를 생산하는 데에 지원을 아끼지 않는다. 이런 군산복합체 시스템이 한 나라의 국가경제에 지대한 영향을 미치고 있다.

유전자 연구도 마찬가지다. 게놈 프로젝트(Genome Project)는 동식물의 DNA를 분석하고 연구하는 작업이다. 2000년도에 인간의 게놈 지도가 세상에 공개되었다. 이것을 계기로 유전자 조작연구도 활기를 띠었다. 유전자 조작으로 식료품을 대량 생산하여 기아로 허덕이는 사람들에게 싼 값의 식자재를 제공하였고, 줄기세포 연구도 희귀질병으로 고생하는 환자들에게 희망을 주었다. 그런데 유전자 연구에 자본과 권력이 이윤 추구와 이윤의 극대화를 위해 적극적으로 개입한다면 어떤 일이 벌어질까?

1990년대에 시작한 유전자재조합생물체(Genetically Modified Organism, GMO)연구는 20년의 시간이 경과되었다. 하지만 GMO는 여전히 논란의 대상이다. GMO식품은 인류가 직면한 식량난을 해소할 수 있는 방법 같아 보이지만, 그 우려 또한 만만치 않다. 가령, 유전자변형 농산물은 병충해, 살충제, 제초제에 강한 동식물을 만들기 위해 인위적으로 그들의 DNA를 조작한다. 그 결과 이전보다 월등한 수확량을 거두어들일 수 있었지만 안전성의 문제에 대해서는 아직 증명되지 않은 사례들이 많다. 과학은 여전히 우리의 삶을 윤택하게 한다. 하지만 과학기술과 권력의 담합이 이윤추구라는 경제적 함수를 지속적으로 지향한다면 그 결과는 누구도 장담할 수 없는 결과를 초래할 수 있는 위험인자를 갖고 있는 것이다.

이런 불분명한 상황이 전개되는데도 불구하고 한국의 유전자 변형식품 수입이 증가하고 있다. 한국의 GMO곡물 수입량은 연간 794만 톤이다. 그 중 사람이 식용으로 먹는 소비량이 184만 톤으로 세계에서도 최상위권을 차지한다. 2006년 3월 경제협력개발기구의 전 세계 GMO현황을 보면, 19개 작물에 171개의 품종이 상품화된 것으로 파악된다. 미국의 GMO식품은 콩, 옥수수, 감자, 토마토, 호박, 유채를 비롯한 70여 종이며, 그 중 많은 품목들이 한국에 수입되고 있다. 그리고 한국도 벼, 감자, 고추, 배추, 오이, 들깨 등을 포함한 40여 종의 GMO식품을 상용화하기 위해 시험 재배하고 있다.

유전자 변형식품의 문제점은 인위적인 유전자의 변형으로 인해 돌연변이가 발생하거나 슈퍼잡초 및 해충이 생길 가능성이 높고, 유해물질의 생성과 알레르기를 유발할 수 있다는 점이다. 더 충격적인 것은 동물실험 결과, 이 식품들을 섭취한 경우 사망률이 6배가 증가한다는 연구결과가 나왔다는 것이다.

유전자 조작은 인간의 보다 나은 삶을 위한 목적으로 동물에게 실시된다. 가령, '거미염소'가 있다. 유전자 조작을 통해 염소의 젖에서 거미줄 성분을 추출할 수 있도록 하는 것이다. 거미줄은 방탄복, 밧줄 등을 만드는 데 사용된다. 만약 이러한 초강력 거미줄을 대량으로 생산할 수 있다면 그것의 경제적 효과는 무한할 것이다. 또한 세간의 이목을 끌었던 사례 중 '사람 귀 달린 쥐'가 있다. 쥐의 피부조직이 인간과 비슷해서 쥐의 세포가 발아될 즈음에 인간의 귀를 생성할 수 있는 유전자를 쥐에게 주입하는 것이다. 이것은 사고로 귀를 잃은 사람에게 쥐의 몸에서 생성된 사람의 귀를 이식하는 방법이다. '형광돼지' 연구도 주목할 만하다. 이 돼지는 수정란 속에 해파리에서 채취한 형광물질을 주입해 만든다. 이 돼지의 놀라운 점은 심장 같은 내부 장기가 형광색을 띠고 있다는 점이다. 때문에 의료적 목적으로 활용할 수 있는 연구로 각광을 받았다.

과학기술이 발전하는 것은 인간을 이롭게 한다. 하지만 과유불

급이라는 말이 있듯이, 인간을 이롭게 한다는 목적으로 출발했어도 오히려 인간에게 피해를 주는 과학기술은 끊임없이 보완하여야 한다. 과학은 장려되어야 하고 계속해서 연구되어야 한다. 그러나 자본과 정치의 논리에 따라 움직이게 될 경우 변질될 가능성이 많다는 것을 염두에 두고 지켜봐야 한다.

전쟁을 통한 경제성장?

20세기 세계의 역사는 전쟁의 역사라고 해도 과언이 아니다. 20세기의 수많은 전쟁으로 숨진 사람의 수는 약 8,700만 명이고, 이 기간 중 전쟁이 하루라도 멈춘 날이 없다고 한다. 혹자는 20세기를 "인류 역사상 가장 잔혹한 100년"이라고 말한다. 우리들의 기억 속에 맴돌고 있는 전쟁을 헤아려 봐도 그런 것 같다. 제1, 2차 세계대전과 1950년의 한국전쟁, 1960년의 소련의 아프가니스탄 침공과 1961년의 베트남 전쟁, 그리고 1990년 걸프전과 2003년~2011년까지 이어져 온 이라크 전쟁, 아직도 끝나지 않은 동유럽의 민족대립과 종교적 분쟁의 화약고 중동과 이스라엘의 내전들까지, 참으로 많은 전쟁들이 현재진행형이다. 한반도의 경우에도 1999년과 2002년에 각각 1, 2차 연평해전과 2010년 연평도 포격전과 같은 국지전을 계속해서 치르고 있다.

정말로 인류의 역사상 전쟁이 멈춘 적이 있었던가? 인류는 왜 전쟁을 계속해야만 하는가? 노르웨이의 평화주의자 요한 갈퉁(Johan Galtung)은 평화로운 세계를 주창한다. 그는 평화를 소극적 개념과 적극적 개념으로 설명한다. 소극적 개념의 평화는 전쟁이 없는 상태를 유지하기 위해 강자가 폭력으로 약자를 억누름으로써 유지되는 평화다. 적극적 개념의 평화는 전쟁이 억제된 상황이 아니라 정의가 구현되는 상황이다. 따라서 인류가 적극적으로 전쟁을 종식시키는 일에 동참할 것을 촉구한다. 인도의 성자 마하트마 간디(Gandhi)와 흑인 해방의 선구자 마틴 루터 킹(Martin Luther King)목사도 이 구동성으로 전쟁이 종식된 세계의 적극적 평화 개념을 지지하였고, 정의가 실현되는 세계를 위해, 폭력적 상황에 대한 비폭력적 저항 운동을 펼칠 것을 주창했다.

하지만 정말로 그들의 바람대로 21세기를 살고 있는 인류에게 전쟁의 위협이 없고 정의가 실현되는 세상이 도래할 수 있는가? 아직도 현실은 권력자들의 욕망과 야욕이 부른 참사들로 인하여 무고한 생명들이 사라지고 있다. 제2차 세계대전의 원흉인 독일의 아돌프 히틀러(Adolf Hitler)는 그 당시 유럽에 거주하던 900만 명의 유태인들 중 600만 명이나 학살했다. 사람이 사람을 죽이는 일은 비정상적인 일이다. 이렇듯 비정상적인 일이 가능했던 것은 집단적으로 사탄의 최면에 걸렸기 때문이다. 독일의 나치가 인종차별정책을 시행한 것은 시기와 질투 때문이다. 유태인들의 지식과 성실함, 자기들보다 뛰어남을 시기하고 질투한 나머지 나치들은 죄 없는 사람들을 비참하게 살육하는 만행을 저질렀다. 이러한 악행은 인간의 탐욕에 자리를 잡은 사탄의 활동이었다.

인류 역사에서 전쟁은 한 나라의 지배력과 욕망을 충족시키는 데 사용된 최적의 방법이다. 그렇다고 권력을 유지하기 위해, 욕망을 충족하기 위해 전쟁을 정당화할 수 있는가? 또한 기독교의 신앙을 전파하기 위해 벌인 십자군 전쟁과 같은 역사는 정당화 될 수 있는가? 인류의 역사 속에서 일어난 그 수많은 전쟁들 중에 정말로 정당한 전쟁(just war)이란 존재하는가?

즈비그뉴 브레진스키(Zbigniew Kazimierz Brzezinski)는 "거대한 체스판"이라는 책에서 인류의 전쟁 역사와 권력의 흐름을 일목요연하게 정리했다. 그 최초의 제국주의적 권력은 로마다. 로마제국은 약 300년 동안 세계를 지배했다. 그 넓은 지역을 유지하기 위해 해외에 파견한 군인의 수가 약 30만 명에 달한다. 이 숫자는 지난 1996년 어귀에서 미국이 해외에 파견한 29만 6천 명과 비교될 만하다. 당시의 인구수로 계산하면 로마는 어마어마한 수의 군대를 해외로 파견했다. 하지만 이렇게 승승장구하던 로마제국은 전쟁의 소용 돌이에 휩싸여 역사의 뒤안길로 사라졌다. 그 다음으로 세계사의 중심에 선 나라는 중국의 한나라와 청나라다. 각각 통치하던 시대는 달랐지만 그 통치 영역은 오늘날의 한국과 인도차이나 타이, 미얀마, 네팔, 몽고지역까지 통합한 거대한 영토를 지배했다. 이들 나라도 수많은 전쟁으로 많은 사람들을 죽이고 죽으며 자신들의 정복욕을 불태웠지만 역사 앞에 종말을 고했다. 인류 역사상 가장 잔혹하게 정복 전쟁을 벌인 인물은 중앙아시아의 호랑이 징키스 칸(Genghis Khan)이다. 징키스 칸은 세계 초일류의 거대한 지역을 전쟁으로 복속시켰다. 그 영토의 영역은 폴란드 왕국과 헝가리 왕국, 신성로마 제국, 러시아의 공국들, 바그다드의 칼리프 왕국, 중국의 송나라, 지금의 한국까지도 이르렀다. 몽고제국의 통치 기간은 대략 1206년부터 1405년까지 약200년 간 중앙아시아를 비롯해 유럽 대륙을 호령했다. 하지만 역시 역사 속에서 사라졌다.

그 다음으로 세계사에 나타난 강국은 스페인이다. 스페인의 무적함대는 세계 곳곳을 누비며 많은 곳에서 전쟁을 승리로 이끌며 그들 나라를 식민지화 했다. 많은 원주민들을 학살하고 흑인들을 본국으로 이송하어 노예로 삼았다. 하지만 스페인 역시 17세기 중반에 유라시아에서의 패권을 마감해야 했다. 그리고 나서 바통을 이어 받은 나라는 프랑스다. 해양제국의 면모를 갖춘 스페인의 위엄을 무너뜨린 사람은 프랑스의 나폴레옹이다. 나폴레옹(Napoleon)의 등장으로 프랑스는 인류의 전쟁역사에 한 획을 긋는다. 프랑스의 개선문은 전쟁에서 승리하고 돌아온 나폴레옹을 기념하기 위해 만든 상징물이다. 아직도 그 위용이 대단한 듯 보인다. 하지만 프랑스의 절대권력도 1815년까지였다. 프랑스 대혁명을 기점으로 절대 권력도 그들의 군대도 역사 속에 사라졌다. 그 다음으로 전쟁을 통하여 세계를 장악한 나라는 대영제국이다. 영국은 산업혁명의 발전과 더불어 "해가 지지 않는 영원한 나라"라는 칭호를 얻었다. 영국은 제1차 세계대전까지 전 세계의 해양을 지배했다. 영국은 세계의 금융과 무역의 중심이었고, 영국함대는 아메리카와 아시아 등 세계 곳곳을 식민지화했다. 그들의 군사력은 세계 최고였고 더불어 그들의 총칼과 화포로 죽어간 사람들은 이루 말할 수 없이 많았다. 하지만 영국조차도 세계의 진정한 지배자는 아니었다.

20세기에 들어서면서 세계는 전쟁의 큰 소용돌이에 휩싸이게 되었다. 이 틈에 미국이 세계에 대한 지배력을 서서히 드러내기 시작했다. 그리고 오늘날 미국이 절대강국으로 단연 독보적 존재가 되었다. 미국은 침략전쟁과 문화전쟁을 통해 세계를 선도한다. 300년 역사의 신흥강대국 미국이 세계를 호령하는 일등국가로 올라섰다. 그리고 사람들은 미국의 문화와 그들의 삶을 동경하게 되었다. 미국은 1898년 스페인을 상대로 최초의 정복 전쟁을 치른다. 이후 미국은 하와이와 필리핀을 넘어 유라시아 반도로 자신들의 목표점을 수정한다. 세계의 패권을 장악하려면 유라시아를 점령해야 한다. 브레진스키는 미국을 가리켜 "거대한 섬나라"라고 표현한다. 아메리카에서의 일등은 진정한 일등이 아니다. 진정한 일등은 저 큰 땅덩어리 유럽과 아시아를 접수하는 것이다. 미국은 태평양을 넘어, 대서양을 넘어, 인도양을 넘어 점차적으로 유라시아로 자신들의 발걸음을 옮긴다.

제1차 세계대전에 미국은 전 세계 총생산량의 33%를 차지하면서 최대 산업국으로 성장한다. 그리고 제1차 세계대전을 통해 미국의 수십만의 군대가 대규모로 유럽에 진출하는 계기를 맞이했다. 미국은 영국과 발트 해 3연안(리투아니아, 라트비아, 에스토니아)에 군대를 배치했다. 이 지역은 유럽 국가들의 동맹과 팽창을 방어할 수 있는 전략적 요충지다. 그리고 이어서 제2차 세계대전의 결과로 유럽의 강국 독일과 아시아의 맹주 일본이 패망하였다. 바야흐로 19세기 세계의 중심이었던 유럽의 시대가 막을 내렸다. 이후 50년간 세계는 미국과 소련의 군비경쟁이 지배하는 냉전시대로 넘어갔다. 하지만 팽팽하던 대결도 잠시, 1960년 카스피해 연안의 천연자원을 차지하려는 소련의 아프가니스탄 침공을 기점으로 분위기가 미국으로 기울기 시작했다. 미국은 소련의 남하를 적극적으로 막았고, 전쟁의 전리품으로 페르시아만과 걸프만에 자국의 군대를 주둔시키는 명분을 잡았다. 이 지역은 소련과 중국, 이란, 이라크의 팽창과 방어를 위해 필수적인 지정학적 요충지다. 그리고 미국은 제2차 세계대전과 1950년 한국전쟁을 치른 후 동아시아의 거점을 점령했다. 미군이 주둔하고 있는 한국의 용산과 일본의 오키나와는 소련과 중국의 팽창을 위협하는 전략적 요충지다. 결과적으로 20세기의 세계전쟁을 통해 미국은 그 큰 섬나라 아메리카에서부터 지구의 중심 유라시아를 점령하기에 이르렀다. 게다가 1989년 동독과 1991년 소련의 붕괴는 사회주의 국가의 몰락을 수반하며, 미국 중심의 정치와 자본주의 시장경제체제의 독주가 시작되었다.

인류의 역사는 전쟁의 역사다. 강대국은 약소국을 침범하여 그들의 노동력과 재산을 노략질한다. 그리고 식민지화한다. 이들은 식민지 국가에 절대 권력의 표상으로 군대를 주둔시키고 명령에 복종할 것을 강요한다. 그러나 인류의 역사에서 보았듯이 절대 권력은 영원히 유지되지 않는다. 언젠가는 멸망하게 되어 있고 권력의 무게중심은 이동하게 되어 있다. 이것이 역사의 흐름이다. 오늘날에 일어나고 있는 전쟁의 명분은 무엇인가? 그것은 자본이다. 경제적 흐름이 정치적 흐름을 지배한다. 그렇기 때문에 자국의 경제적 난국을 타개 하기 위한 방법으로 전쟁이 정당화될 수 없다. 칼로 일어선 나라는 칼로 망한다는 말이 있다. 경제적 이윤을 얻으려고 폭력을 정당화해서는 안 된다.

2008년 미국의 금융위기는 미국을 중심으로 한 신자유주의 시장경제에 대한 회의를 불러 일으켰다. 20세기 미국이 전쟁을 통해 얻은 경제적 이익은 천문학적이다. 하지만 작금의 미국의 경제는 그리 순탄하지 않다. 때문에 미국은 어떤 방식으로든 경제를 회복시켜야 할 과제를 안고 있다. 2011년 발생한 미국의 뉴올리언스 홍수는 미국의 기상관측 사상 100년 만에 최악의 피해를 주었다. 이때 세계 언론은 자국의 방위도 지킬 수 없는 미국의 경제적 상황을 보도하기도 했다. 미국은 더 이상 세계 최강의 경찰국가가 아니었다. 오히려 미국은 명실상부한 세계최고의 부채국가로 우뚝 섰다. 미국의 부채는 약 12억 달러, 한화로 약 1경 4,000조다. 미국 GDP의 76%에 달한다. 이 부채는 미국정부가 상환할 수 있는 능력을 넘어선 액수다. 미국은 이미 부채를 상환할 수 없음을 알고 포기했다. 오히려 3차례의 '양적완화정책'을 통해 연방준비은행(FRB)으로부터 더 많은 돈을 빌려 쓰고 있는 형국이다.

중국의 경제학자 쏭홍빙의 "화폐전쟁"을 보면 영국중앙은행(BE)이나 미국의 연방준비은행(FRB)은 사설은행이다. 주주총회를 통해 운영되는 주식회사다. 미국은 FRB로부터 매년 많은 돈을 빌려 쓰고 있다. 그 대가로 연방정부는 이 은행에 많은 권한을 부여한다. 따라서 미국 정부는 가난할지라도 연방준비은행의 소수의 주주들은 절대 가난해질 수 없다. 제2차 세계대전 후 미국 달러(Doller)는 금본위 제도였다. 하지만 국가가 달러를 찍어내는 양이 국가가 소유한 금의 양보다 많아지자 달러는 종이로 전락할 운명에 처했다. 이윽고 미국은 정치적 힘을 이용해 1970년대 달러를 석유와 연동할 수 있는 법안을 처리했다. 이때부터 석유의 배럴당 달러의 가격이 경제적 지표로 정해졌다. 만약 이런 조치를 취하지 않았다면 전 세계를 지배하던 달러가 휴지조각으로 변했을 것이다. 이후 유럽연합의 유로화나 중국의 위안화가 달러를 견제하는 화폐로 급부상하고 있지만 달러의 힘에는 아직 미치지 못하고 있다. 하지만 달러가 더 이상 가치를 창출하지 못하고 몰락한다면, 미국경제가 동반 몰락할 것이고, 미국경제가 몰락하면 세계경제도 위험에 다다를 것이다.

이런 상황에도 불구하고 미국은 현재 자국 내 기업의 파산을 막기 위해 천문학적인 공적자금을 투여하고 있고, 이라크, 아프카니스탄 전쟁 후 많은 돈을 이들 나라에 쏟아 붓고 있다. 전쟁과 테러로부터 세계의 평화를 유지한다는 명목으로 군비를 확충하는 데에도 천문학적인 돈을 들이고 있다. 하우스푸어(housepoor)라는 말이 있다. 집은 있지만 현금이 없어 가난한 사람들을 가리키는 말이다. 필자가 보기엔 미국의 상황이 흡사 하우스푸어와 비슷하다는 생각이 든다. "대안이 없는 상태를 계속해서 유지해야 하는 입장"에 대해 생각해 본 적이 있다. 끝이 보이지 않는 길인 걸 알면서도 걸어가야 하는 상황이다. 그것은 마치 그리스 신화에 나온 에리직톤(Erysichthon)의 배고픔과 같다. 그의 저주는 먹어도, 먹어도, 채워지지 않는 배고픔이다. 배고픔을 채우기 위해 딸을 팔고, 급기야는 자신의 팔과 다리, 신체의 모든 부분을 먹어버리지만 그에게 남은 것은 배고픔과 자신의 이빨뿐이었다.

경제의 기본은 생산과 소비의 원활한 순환이다. 가령 생산품의 양은 10개인데 소비량은 2개밖에 안 된다고 하면 나머지 8개는 재고로 남는다. 하지만 기업은 생산을 멈출 수가 없다. 이렇게 계속해서 생산된 물품은 날이 갈수록 재고로 쌓여만 간다. 언젠가 재고를 처분하지 않으면 기업은 파산하고 만다. 미국의 상황이 이와 비슷하다. 생산을 적절히 통제한다고 할지라도 소비가 그에 맞게 진행되지 않으면 경제는 흡사 심혈관질환을 겪는 사람과 같이 병든 신체를 유지하며 살 수밖에 없을 것이다.

20세기 전쟁의 역사 속에서 미국경제는 직간접적으로 영향을 받아왔다. 어찌 보면 가장 큰 수혜자라고 해도 틀리지 않는 말이다.

1961년 미국의 아이젠하워 대통령은 퇴임연설에서 '군산복합체'라는 말을 세상에 알렸다. 사전적 정의로 군산복합체는 거대한 군사기구와 대형 방위산업체가 결합된 형태를 지칭한다. 군대는 기업에 군사기술을 이전하여 군수산업 을 육성하고, 기업은 군대에 제작한 무기를 제공하고, 정부에는 정치자금과 세금을 제공한다. 정부는 해외시장을 개척해 기업을 적극적으로 보호하는 역할을 함으로 국가와 기업, 군대가 상호 협력한다. 여기에 국가는 순수한 상아탑까지 끌어들인다. 국가는 대학에 재정을 지원하면서 국가가 원하는 연구를 수행하게 한다. 학자들마다 약간의 차이는 있지만 미국경제의 약 30% 정도가 군산복합체로 이루어져 있다고 한다. 잘 알려진 군산복합체기업으로 보잉, 노스롭그루먼, 제너럴 다이나믹스, 레이시온 등이 있다.

그런데 만약 군산복합체에서 만들어진 무기들이 생산만 되고 소비가 되지 않으면 어떻게 되겠는가? 생산만 있고 소비가 없는 시장경제는 무너지는 것이 원리다. 그렇기 때문에 생산된 무기들은 소비할 대상을 찾게 된다. 20세기에 가장 많은 전쟁이 일어난 일은 우연이 아니다. 그것은 패권 국가들의 경제적 이해관계와 맥을 같이한다. 전쟁을 통해 경제를 성장시킨다는 말은 틀린 말이다. 그것은 그저 현상을 유지하거나 경제적 몰락을 유예할 뿐이다. 결과적으로 전쟁을 통한 경제성장의 꿈은 소수의 기업가와 권력자, 은행가들의 주머니를 불릴 뿐이며, 대다수의 인류에게는 악몽으로 돌아온다.

그리고 총성 없는 또 하나의 전쟁이 있다. 자본의 욕망은 총 없는 전쟁인 문화적 제국주의를 부추긴다. 사실 자본과 전쟁의 함수관계만큼 무서운 것이 자본과 문화의 관계다. 한류가 세계를 흔들고 있다. K-팝, 드라마, 음식, 영화, 의류 및 패션으로 벌어들이는 경제적 문화적 수익이 그 어떤 분야보다 크다. 황금알을 낳는 것이 바로 문화다. 문화의 파급효과는 세계시장에서 경제적 가치로 돌아온다. 한류가 참 대단하다. 하지만 아직은 미국에 비하면 어림도 없다. 세계의 문화를 선도하는 나라는 미국이다. 더 강하게 표현하면 미국은 세계를 문화적으로도 지배한다. 그것도 철학과 정신적 측면에서 더욱 그러하다. 미국의 방송과 영화가 세계시장의 약 75%를 점유한다. 사람들은 미국의 삶의 방식을 따라 하기 원한다. 언어와 삶의 방식은 쉽게 변하지 않는다. 하지만 세계의 모든 사람들이 영어를 잘 구사하고 싶어 하고, 미국대학에서 공부하고 싶어 한다. 미국식 영어와 삶의 담론을 따라 살고자 하는 사람들이 넘쳐난다. 약 50만 명이상의 외국 학생들이 미국으로 유학을 갔다. 그리고 자신들이 공부한 것을 가지고 모국으로 돌아가 미국의 언어와 사상을 전파하는 전도자가 되었다. 또한 그들 가운데 뛰어난 인재들 상당수가 모국으로 돌아가지 않고 미국에 남는다. 그들은 미국식 영어를 하고, 미국인으로 살면서, 미국을 위해 헌신한다.

경제학자 칼 폴라니(Karl Polanyi)의 주저 "거대한 전환"에 보면 "시장 원리로 사회를 조직하면 사회는 붕괴한다."라고 말한다. 작금의 시대에 꼭 들어맞는 말이다. 폴라니는 그 대안으로 다원적 경제를 역설한다. 다원적 경제는 시장경제와 공공경제, 사회적 경제, 생태경제가 함께 공존하는 시스템이다. 신자유주의 시장경제의 욕망은 그릇된 전쟁의 역사 속에서도 나타났다. 아이들이 자라나면서 싸움을 하는 것은 참 순수한 것 같다. 그저 감정의 문제이기 때문이다. 하지만 어른들의 싸움은 결국 누가 이득인가를 따지게 되는 것이다. 그리고 싸움의 원인 또한 물질적 동인이 대부분이다. 결론적으로 전쟁을 통한 경제는 성장도 아니고 유지도 아닌 공멸이다. 신자유주의 시장경제의 논리에 따라 물리적 전쟁과 문화적 전쟁을 시행하는 일은 이제 그만 멈추어야 한다. 폴라니의 말처럼 자본의 논리로 사회를 이끌어가는 것은 반드시 공멸을 예고한다. 따라서 우리에게 필요한 것은 함께 공존할 수 있는 길을 모색하는 것이다. 그 공존의 방법 중 한 가지가 바로 '정의'다.

공평하지 않은 정의의 여신 디케(Dike)?

어느 날 어린아이가 아빠에게 질문을 했다. "아빠, 나는 어떻게 태어났어?" 무뚝뚝한 아빠는 "엄마에게 물어봐."라고 대답을 했다. 아이는 엄마에게 가서 "엄마, 나는 어떻게 태어났어?" 물었다. 엄마는 "아빠에게 물어봐."라고 대답했다. 아이는 자신이 어떻게 태어났는지 궁금했지만 아무도 말해주지 않았다.

올바른 역사의식은 '왜?'라는 질문에서부터 시작한다. 만약 텔레비전에서 전해들은 대로 혹은 신문이나 인터넷에서 읽은 대로 '보도된 사건을 진실'이라고 믿는다면 그것은 너무도 순진한 마음자세다. 이스라엘의 교육방법은 질문과 토론, 탐구로 구성된다. 이스라엘 대학의 도서관은 정숙을 유지하는 다른 나라와 달리, 매우 시끄럽다. 그들은 도서관에서 한 주제를 가지고 동료학생들과 열띤 토론을 벌인다. 서로 질문하고 답하고 심지어는 언쟁이 붙기도 한다. 하지만 이런 학습은 그들에게 매우 자연스러운 일이다. 어렸을 때부터 부모들이 아이들에게 이렇게 질문한다. "What do you think about?" 부모들은 아이들의 생각과 행위에 대한 이유를 묻는 것으로부터 그들과의 대화를 시작한다.

우리가 살고 있는 시대는 무엇보다 '소통'이 필요한 시대다. 어떤 일이 발생하면 그 일에 대한 충분한 대화와 교류가 필요하다. 대화로 풀지 못할 문제는 없다. 하지만 대화 혹은 소통이 단절된 상황에 직면하는 이유는 사건을 은폐하거나 거짓을 말하기 때문이다. 소통의 단절은 사람과 사람 사이에, 국가와 국가 사이에 올바른 국면을 이어가지 못하게 가로막는다. 소통의 단절은 더 나아가 정의롭지 못한 결론을 도출한다. 서론에 언급한 부모와 어린이의 대화에서 부모들은 아이들에게 성의 있고 자상하게 답을 해야 한다. 하지만 답을 회피하고 미룬다면 아이는 부모와의 소통의 단절을 경험하게 될 것이다. 수많은 그리스도인들이 정치, 경제, 문화, 사회에서 지도자의 역할을 담당하고 있다. 만약 책임적 자세로 사회의 전반에 일어나는 일에 대해 일반국민에게 정직하게 말하지 못한다면, 그것은 그리스도인의 책무를 다하지 못하는 자세일 뿐만 아니라 소통의 단절을 부추기는 원인이 되기도 한다.

한국 개신교 안에서 일어나는 수많은 분쟁들이 있다. 목사님들의 잘못된 판단으로 일어난 일이 대부분이다. 하지만 더 부끄러운 일은 서로간의 문제를 대화로 해결하지 못해 사회 법정으로까지 문제를 가지고 가는 데 있다. 교회에는 명실상부한 하나님의 법이 존재한다. 이 법은 세상의 법과 비교가 될 수 없는 판단기준을 가지고 있다. 그 기준은 바로 '사랑과 정의'다. 하지만 일부 그리스도인들은 이 판단기준을 좋아하지 않거나 따르지 않는다. 왜냐하면 그것은 희생과 인내를 필요로 하고, 상대방과의 끝없는 대화를 요구하기 때문이다. 역설적인 표현이지만 소통이 이루어지지 않는 세상에는 법과 질서가 더 필요하다. 상대방과 소통하지 않아도 세상 법으로 판단을 해 주기 때문이다. 이기고 지는 판단이 명확한 세상의 법정은 객관적 사실만 이 중요하다. 칼로 무를 자르듯 명확한 결론을 이끌어 내는 세상의 법은 그리스도의 사랑의 법과 상충하는 경우가 많다.

정의의 여신 디케(Dike)의 동상에는 한손에는 저울, 한손에는 칼이 있다. 그리고 두 눈은 안대로 가려져 있다. 여기서 저울은 개인 간의 권리 관계에 대한 다툼을 해결하는 것을 의미하고, 칼은 사회 질서를 파괴하는 자에 대하여 제재를 가하는 것을 의미한다. 두 눈을 안대로 가린 이유는 어느 쪽에도 기울지 않는 공평무사한 자세를 지킨다는 뜻이다. 그런데 국가의 최고 판단 기관인 법원이 정의롭지 못한 결론을 내린다면 어떻게 되겠는가? 사실과 진실만을 말해야 하는 법이 정치권력의 편에 서서 판단을 내린다면 어떻게 되겠는가? 실제로 우리사회는 힘 있는 권력자들을 위한 법집행이 많이 일어나고 있다. 역사적으로 보더라도 고대의 철학자 아리스토텔레스와 소크라테스는 "법과 정의는 권력자들의 편이다."라고 주장했다. 아리스토텔레스는 노예제도를 인정하면서 노예와 자유민의 개인적 인격을 무시하고, 권력을 쥔 사람들의 편에서 정의를 말했다. 법과 정의는 사회적으로 "권력에 적합한" 사람들을 위한 것이지, 사회 구성체 밖에 놓여있는 노예나 자유민을 위한 것은 아니었다. 결과적으로 당시의 신분사회에서 법과 정의는 사회적 신분의 위치에 적합한 사람들만을 위한 제도였다.

우리가 살고 있는 현대는 신분사회가 아니다. 그렇기 때문에 법과 정의는 우리 모두를 위한 것이어야 한다. 하지만 정말 그런가? 이미 자본주의 사회 속에서 돈의 힘을 경험한 우리는 자신도 모르게 경제적으로 차등을 받는 신분사회에서 살고 있다. 따라서 고대 서양의 노예나 천민들이 법의 외부에 속해 있던 것처럼 오늘날의 경제적, 정치적 약자들은 신분이 천하다는 이유로 올바른 법집행을 기대하지 못하는 상황에 처하게 되었다. 그 결과 우리가 살고 있는 21세기에도 신분제도가 엄연히 존재한다는 사실을 각인하게 된다. 앞에서도 언급했지만 인류의 역사는 제국의 역사다. 페르시아제국, 로마제국, 몽고제국, 중국제국, 스페인제국, 대영제국 등 수없이 많은 제국이 자신들의 권력을 유지하기 위해서 신분에 대한 차별을 중요시 여겼다. 지금도 여전히 변하지 않은 한 가지는 신분의 제도, 신분의 차별이다. 21세기는 자유민주주의 시대, 자본주의 시장경제시대다. 그렇다면 오늘날의 신분은 무엇으로 결정되는가? 그것은 바로 돈

(Money)이다. 돈으로 결정된 신분의 차별과 격차가 오늘날에도 여전히 존재한다. 물질만능이라는 말은 돈이면 다 된다는 말이다. 이 시대는 돈이 권력이고, 권력이 돈이다. 이런 권력과 돈 앞에서 법과 정의가 제 기능을 발휘할 수 있겠는가? 만약 법과 정의가 제 기능을 다하지 못한다고 한다면 그 원인은 바로 돈에 대한 욕망 때문일 것이다. 돈과 욕망, 권력은 정의를 정의롭지 못하게 하는 아주 강력한 힘으로 작용한다.

따라서 우리에게 필요한 것은 돈과 욕망과 권력이 잘 분산되고 분배될 수 있는 정의를 다시 일으켜 세우는 일이다. 어떻게 하면 신분의 차별이 없는 사회, 분배의 정의가 살아 있는 사회를 만들 수 있는가? 공리주의의 대부 제레미 벤담(Jeremy Bentham)은 "최대다수의 최대행복"을 주장한다. 많은 사람이 행복하기 위해서는 어떤 방법으로 분배해야 하는가? 벤담은 도덕의 최고 원칙은 최대한 많은 사람들의 행복을 극대화하는 것이라고 말한다. 가령, 여기 사과가 5개 있다. 3명의 사람에게 분배하려고 하는데 어떻게 하면 좋을까? A는 사과를 매우 좋아한다. B는 사과를 먹어도 그만 안 먹어도 그만이다. C는 사과를 싫어한다. 1차적으로 A, B, C라는 사람 모두에게 1개씩의 사과를 나누어 주었다. 사람들 모두 나누어 받은 사과를 먹었다. 그러나 사과를 먹고 난 후 행복감은 사람마다 달랐다. 이제 남은

2개의 사과는 어떻게 나누어야 하는가? 벤담은 "사과를 먹고 가장 행복해하는 A에게 남은 2개를 모두 주는 것이 공정한 분배다."라고 말한다. 이것이 "최대다수의 최대행복"이다. 그 분배의 기준은 "행복의 극대화"이기 때문이다. B와 C에게 사과를 주었을 때보다 A란 사람에게 사과를 나누어주면 행복지수가 더 올라간다. 어떻게 보면 참 맞는 논리인 것 같다. 하지만 이 논리를 사회에 적용하면 약간의 문제가 생긴다.

벤담은 빈곤층을 대상으로 하는 '극빈자 관리' 프로그램을 내놓았다. "우리가 길을 걷다가 거지를 만나면 두 가지 면에서 행복이 줄어든다. 하나는 동정심이라는 고통이고, 다른 하나는 혐오감이라는 고통이다." 따라서 벤담은 거지를 구빈원으로 몰아넣자고 말한다. 자유를 빼앗긴 거지의 고통보다 거지들로 인해 받는 일반 시민들의 고통이 더 크기 때문이다. 최대다수가 행복을 얻는 것이라면 소수 사람들의 고통은 무시될 수 있는 것이다. 이것은 개인의 권리가 집단의 권리에 의해 존중받지 못한 처사다. 진정한 의미에서 분배의 정의가 이루어졌다고 말할 수 없다. 벤담의 이 논리에 따라 여전히 우리사회는 "최대다수의 최대행복의 경제적 준칙"을 가지고 있는 듯하다. 속담에 "돈이 돈을 부른다."는 말이 있다. 있는 사람들은 계속해서 있는 사람이 되고, 없는 사람은 계속해서 없는 사람으로 남는다. 경기부양을 위해 부동산 정책을 시행한다고 해서 이 정책들이 서민을 위한 정책이라고 볼 수 있는가? 오히려 집 있고 돈 있는 사람들의 행복을 증대할 뿐이다. 결과적으로 벤담의 주장은 권력과 자본의 상관관계를 다시 한번 뚜렷하게 입증해 준 셈이 되었다.

이런 단점을 극복하고자 노력한 학자가 있다. 그는 벤담과 달리 분배의 정의를 인간적인 감정에 호소했다. 그는 하버드 대학의 교수였던 존 롤즈(John Rawls)다. 롤즈는 그의 '정의론'에서 "정의는 원초적으로 평등한 상황에서 어떤 원칙에 다수가 동의해야 하는가?"라고 묻는다. 그리고 그는 이 말에서 "무지의 장막과 원초적 입장"이라는 중요한 원리를 끌어낸다. 예를 들면, 부모의 병원비 100만 원을 내야하는 자식들의 수가 A, B, C 라고 하자. 첫째 아들 A는 결혼했고 자녀가 2명이 있다. 연봉은 5,000만원이다. 둘째 딸은 독신이고, 연봉은 8,000만원이다. 셋째 딸은 결혼했고 자녀가 3명이 있다. 남편의 연봉은 3,000만원이다. 여기서 "병든 부모의 병원비를 어떻게 내는 것이 공정한가?"라고 물으면 어떻게 답할 수 있을까? 이때 셋째 딸 C가 "나는 가정 형편이 어려워서 돈을 낼 수 없어! 돈을 잘 버는 둘째 언니와 첫째 오빠가 내면 어때?"라고 말한다. 그런데 첫째 아들 A도 말한다. "나도 어려워, 대출금도 갚아야 하고." 둘째 딸 B도 "나는 둘째이고, 결혼도 해야 하고, 요즘 돈이 없어."라고 말한다. 과연 병든 부모의 병원비는 어떻게 내야 올바른 결정인가?

롤즈는 올바른 분배를 위해 먼저 "무지의 장막(veil of igno-rance)"과 "원초적 입장(original position)"이라는 가설을 설정하여 판단하자고 말한다. 우선, 자녀들은 "무지의 장막" 뒤에서 자신이 어떤 사람인지, 어떤 상황에 처해 있는지, 일시적으로나마 모든 것을 잊고, 아무것도 모른다는 전제로 서 보는 것이다. 흡사 재판에 서 있는 피고인이 배심원으로 둔갑하여 자신의 상황을 객관적으로 보는 것과 같다. 그리고 난 후 "원초적인 입장"에 서서 자신들이 A와 B와 C의 입장이 되어 말해보는 것이다. 여기서 발생하는 "원초적인 입장"은 그 사회의 통념적 관습과 종교적 양심을 밑바탕에 깔고 말해야 한다. 그 결과 "B가 60만 원, A가 30만 원, C가 10만 원씩 병원비를 내는 것이 맞다."라고 서로가 합의를 한다면, 이를 가리켜서 "분배적 정의가 실현된 것이다."라고 말할 수 있다. 그러나 장막을 벗고 나온 형제들이 이런 분배시스템으로 합의를 이끌어내는 것에 동의하지 않는다면, 이 논리 또한 공정한 분배는 아닐 수 있다. 하지만 필자는 롤즈의 정의가 기독교적으로도 설득력이 있다고 생각한다. 원초적 입장에 서서 어떤 사건, 사고를 판단할 때에 그리스도인이라면, 그 판단 기준을 하나님의 사랑과 정의에 둘 것이다. 따라서 하나님의 사랑을 기준으로 약한 자들의 편에 서서 가족과 이웃을 바라볼 때, 가장 원초적인 입장을 잘 대변할 수 있다. 그럴 때에 공정한 분배가 이루어지고 사랑으로 합의하는 정의가 살아날 수 있다.

현대사회는 날로 다분화 다각화되어 간다. 사람들은 옳고 그름을 이야기하기보다는 먹고사는 것에 정신이 팔려있다. 직장인들과 가정주부들의 생활전선은 전쟁과도 같다. 여유를 가지고 세상을 바라보고, 가정을 돌보는 것이 어찌 보면 사치일 수 있다. 왜 이렇게 정신없이 살아야만 하는가? 아무리 열심히 일해도 주어지는 것이 없고 더군다나 행복하지도 않다면, 무언가 잘못된 삶을 살고 있는 것이 아닌가? 아무리 경제적 가치에 따라 신분의 격차가 구별된다고 하더라도 그리스도인들이 꿈꾸는 하나님 나라는 그것과 다른 세상임이 분명하다. 정의로운 세계는 권력자들만의 몫이 아니다. 정의는 우리 모두의 것이고, 특별히 대다수의 약한 자들을 위한 것이다. 그리스도인은 신자유주의 시장경제에서 그 존재가치를 잃어버린 정의를 되살리려는 노력을 경주해야 한다. 그리고 올바른 정의를 외치며 낮은 자들의 편에 서서 그들의 삶을 돌봐야한다. 그것만이 권력자들의 욕망으로 좌지우지 되었던 정의를 바로 세우는 길이다. 권력과 야합한 법과 정의는 반드시 파멸의 길을 맞이할 것이다.

탐심과 우상숭배

물가가 오른다는 것은 국민의 호주머니 사정도 좋아졌다는 반증인가? 아니면 국민의 호주머니 사정은 아랑곳없이 물가만 올리면 누군가는 득을 보는 것인가? 2015년 벽두부터 대한민국이 참 혼란스럽다. 국가는 부족한 세금을 충당하기 위해 공공 물가를 올리는 방안을 추진 중이다. 2014년에는 전쟁이 일어난다는 소문에 라면을 사재기하고, 담뱃 값을 인상한다는 발표에 담배를 사재기 하고, 도서정가제를 도입한다고 하니 읽지도 않는 책을 마구잡이로 사들였다. 얼마 전 경찰은 도로교통법을 위반한 운전자에 대해 집중적으로 범칙금을 부과했다. 운전을 하다 보면 차량 정지선을 넘어서는 일이 허다하다. 그런데 선을 넘었다는 이유로 세금을 부과하는 모습을 보면서 국가의 재정상태가 이리도 안 좋은가? 생각했었다.

아무튼 국가는 물가를 잘 관리해야 한다. 국민의 세금으로 운영되는 국가는 국민을 위해 교육과 안전, 방위, 복지에 최선을 다해 서비스를 해야 한다. 하지만 기업들의 생각은 다른 것 같다. 어떻게 하면 국민들을 대상으로 기업의 이윤을 극대화할 수 있을까? 를 생각한다. 2004년 허리케인 '찰리'가 미국 플로리다를 휩쓸었다. 그 결과 110억 달러의 손실이 발생했다. 그러자 기업은 앞다투어 생필품의 가격을 올리기 시작했다. 이른바 '플로리다 가격폭리처벌법 논쟁'이 발생했다. 국민들은 자연재해의 영향 때문에 힘든 나날을 보내고 있는데, 기업과 상점업주들은 이를 계기로 상품의 가격을 무한정 올리는 상황이 발생한 것이다. 적게는 몇십 배에서, 많게는 몇백 배의 이득을 취했다. 자국의 국민과 이웃이 고통당하는 것을 보면서도 돈을 취하고자 하는 가진 자들의 욕망은 이웃의 고통마저도 저버리는 모습을 여실히 보여주었다.

미국은 이내 가격폭리처벌법을 공포하고 시행했다. 하지만 찬반 논란이 거세게 일었다는 기억이 있다. 건강한 사회는 이웃의 어려움을 함께 나누는 사회다. 자신들의 이익을 먼저 앞세우기 보다는 탐욕을 억제하고 자신들의 희생을 감수하는 사회야말로 건강한 사회다. 샌델은 "정의란 무엇인가?"에서 "타인의 고통에 눈감고, 그 상황을 이용해 먹으려는 사람들의 탐욕은 악덕이며 나쁜 태도다."라고 힘주어 말한다. 성경 또한 "탐욕은 우상숭배와도 같다(골3:5)."라고 말한다. 하지만 돈의 유혹에 빠지면 주변의 고통 받는 사람들이 눈에 들어올 리가 만무하다.

작금의 사회는 곳곳에 돈의 유혹에 눈먼 자들이 너무도 많다. 물질에 대한 욕심은 있는 자나 없는 자나 매한가지다. 소비바이러스가 우리 사회에 침투한 것은 어제 오늘의 일이 아니다. 소비바이러스를 어플루엔자 바이러스(Affluenza Virus)라고 한다. '풍요'를 의미하는 어플루언스(Affluence)와 '유행성 독감'을 뜻하는 인플루엔자(Influenza)의 합성어다. 어플루엔자가 현대인의 불치병으로 등장했다. 어플루엔자는 일종의 전염병으로 개인의 행복을 침해하는 소비중독증이다.

이 바이러스에 감염되면 처음에는 즐겁고 쾌락적이나 나중에는 고통으로 다가온다. 특별히 생산능력이 없는 사람들의 소비습관이 카드를 남용하거나 대출을 받는 등 심각한 실정에 이르고 있다. 개인은 물론 국가와 기업도 빚이 없어야 한다. 물론 갚을 능력이 있고 가지고 있는 돈이 부채보다 많으면 어느 정도의 이자를 지불하더라도 이윤을 위해 빚을 질 수 있다. 그러나 상환 능력이 없는 국가나 기업, 개인이 빚을 지면 큰 문제에 봉착하게 된다. 요즘 사람들은 빚지는 것을 두려워하지 않는다. 현금이 있어서 자동차, 가전제품, 명품 옷과 가방, 신발, 액세서리 등을 사는 것이 아니라 우선 카드로 할부로 구입을 한다. 그리고 소유를 통하여 얻는 행복(?)을 맛본다.

성경은 "피차 사랑의 빚 외에는 어떠한 빚도 지지 말라."라고 말하고 있다. 요즘은 금융기관에서 교회를 찾아다니며 대출을 알선한다. 교회를 건축하는 일에 낮은 금리로 대출을 소개한다. 사실 변제 능력은 미래적인 일이다. 교회를 건축하고 나면 그 부담이 고스란히 성도들에게 가중될 수밖에 없다. 교회가 빚을 청산할 때까지 은행에 이자로 납부하는 돈은 고스란히 성도들의 몫이다. 가능하다면 성도들의 헌금으로 이자를 갚는 일은 없어야 한다. 제이 플러스 미션 선교단체에서 출간한 "요셉에게 배우는 탁월한 재정지혜, 세상의 돈 자루를 쥐어라."에 보면 이런 말이 있다. "은행돈으로 지은 교회가 하나님의 역사였다고 할 수 있을까? 어쩌면 그것은 하나님의 역사가 아니라 은행의 역사일 수 있다. 만약 교회를 짓고자 하는 성도들이 간절했고, 그 돈이 절실했다면 하나님이 빚이 아니라 다른 방법으로 역사하였을 것이다."

실제로 미국 사람들은 65세까지 자신이 번 돈의 50~60%를 이자 갚는 데 사용한다. 빚은 개인의 탐심에서 비롯된 재앙이다. 자신의 수입에서 20%가 넘는 빚을 지고 있다면 상환능력의 수준을 넘어선 것이다. 빚은 결과적으로 정신을 황폐하게 만든다. 정신 질환의 대부분이 돈과의 관계에서 비롯되는 경우가 많다. 과도한 소유욕은 집착을 부르며 집착은 비정상적인 모습의 폭력으로 자신과 가족, 이웃에게 표출된다. 필자는 신학을 하기 전 빚의 무서움을 경험했다. 그 빚 때문에 죽음의 유혹도 받았다. 이후 빚을 갚는데 10년이 걸렸으며 그 기간 동안 고생을 많이 했다. 10년 동안 마음고생은 물론 정신과 육체를 힘들게 하였다. 더욱 힘든 것은 가족들에게 그 고통이

전가되는 것이다. 탐심은 우상숭배다. 우상을 숭배하는 자는 반드시 패가망신한다. 따라서 인간의 물질에 대한 과도한 욕망이 물리적으로 정신적으로 폭력적 구조를 가지고 있음을 알아야 한다. 이것을 미리 알고 대처하는 그리스도인은 지혜롭다. 국가와 기업은 이윤을 위해 존재하지만, 우리는 그럴 필요가 없다. "돈, 돈, 돈" 하면서 그렇게 아등바등 살지 않아도 행복하게 살 수 있는 법이 있다. 그 답을 우리는 이미 알고 있다. 바로 개인의 욕망을 절제하고 가진 것을 나누며 하나님의 사랑으로 주변을 돌보는 것이다.

물리적 폭력과 정신적 폭력

가정은 사회의 가장 중요한 기반이다. 부모의 사랑을 받고 자란 아이들은 건강한 정신으로 성장할 수 있다. 가정에서의 부부관계도 중요하다. 서로가 아껴주고 사랑하며 살 때 건강한 부부로 성장할 수 있다. 대부분의 폭력의 시작은 가정에서부터 경험된다. 가정폭력을 경험한 아이가 친구에게도 부모에게도 폭력적인 아이로 변하기 쉽다. 또한 요즘은 노인들과 아내들의 정신적 질병 또한 심각하다. 우울증에 시달려 온 부모가 자녀와 함께 삶을 비관하여 자살하는 경우도 있고, 마찬가지로 독거노인도 대화 상대가 없거나 경제적 도움을 받지 못해 죽어가는 분들이 많다. 이처럼 가정에서 일어나는 모든 일들은 사회문제로 확장되어 나타난다.

물리적 폭력은 사람이 신체와 도구를 이용해 상대방을 때리거나 수치심을 주는 폭력이다. 정신적 폭력은 물리적 폭력과 달리 정신적 피해를 일으키고 신체적 피해까지 수반하게 한다. 사실 물리적 폭력보다 정신적 폭력이 경우에 따라서는 더 잔혹하거나 사람의 생명까지 앗아가는 경우도 있다. 인간은 사랑하며 사는 존재다. 사랑 받지 않고는 사랑을 줄 수도 없다. 사랑은 받는 것보다 주는 것이 더 어렵다. 하지만 이 사랑도 여러 가지다. 이성끼리의 사랑, 부모와 자식의 사랑, 하나님과 인간의 사랑 등 그 유형과 형태가 다르다. 나이에 따라 사랑을 경험하는 정도도 차이가 있다. 어렸을 때 느끼는 사랑과 젊었을 때 경험하는 사랑, 노년기에 체험하는 사랑의 정도와 깊이가 다르다. 하지만 공통점이 있다. 그것은 "이타적인 사랑을 하느냐, 아니면 이기적인 사랑을 하느냐?"다.

이타적인 사랑은 훈련된 사람만이 가질 수 있는 사랑의 자세다. 반면에 이기적인 사랑은 훈련이 필요한 사랑이다. 특별히 20대의 사랑은 훈련이 필요하다. 사랑의 감정과 육체의 감정이 한꺼번에 일어나기 때문에 정신과 육체가 혼용될 때가 많다. 20대의 사랑은 욕망을 절제할 수 없기 때문에 그 결과가 폭력적 양상으로 남는 경우가 허다하다. 물론 물리적 폭력을 가하는 경우도 있지만 정신적 폭력을 수반하는 경우가 더 많다. 훈련되지 않은 감정으로 인한 피해는 상대방을 구속하려고 하고, 더 나아가 병적인 집착 내지 도착증세까지 보이게 된다. 종국에는 과도한 망상이 서로를 향해 폭력적 언어와 정신적 압박으로 나타난다. 부모와 자식의 사랑도 마찬가지다. 부모의 모든 사랑은 아가페적인 사랑이다. 무한한 사랑으로 자녀를 양육하기 원한다. 하지만 그 사랑도 당근과 채찍이 필요하다. 만약 자녀에 대한 사랑이 과도하게 표출되면 그것 또한 과잉사랑으로 변질된다. 그렇게 사랑을 받고 자라온 아이들은 이타적인 사랑보다 이기적 사랑에 순응하기 쉽다.

한동안 사회에서 문제가 되었던 것이 군대문제다. 군 복무기간 동안 언어폭력과 물리적 폭력으로 인한 자살과 타살, 탈영 등이 끊임없이 일어나고 있다. 가해자나 피해자 모두가 자기중심적 사고를 탈피하지 못해 부적응하거나 후임병을 자신의 노리개로 전락시키거나 화풀이의 대상으로 삼는다. 사건 후 가족력을 살펴보면 십중팔구 어렸을 때 자라온 환경에서 폭력을 경험한 사례가 상당수다. 폭력의 대물림이 반복적으로 일어나는 것이다. 군대 안에서의 집단 따돌림은 학교에서부터 시작된다. 이것이 고스란히 사회로 이어져 직장에서의 폭력으로 나타난다.

직장에서의 폭력은 가히 가공할 만하다. 왜냐하면 그 폭력이 다시 가정으로 환원되기 때문이다. 직장에서 언어폭력, 성폭력 심지어 물리적 폭력까지 경험하는 사례도 적지 않다. 이런 물리적, 정신적 폭력이 가정과 사회 전반에 걸쳐 만연돼 있다. 2014년 10월 10일자 재경일보에 따르면 직장인 50%가 "한국을 떠나고 싶다."라고 답변 하였다. 한국은 정말 살기 좋은 나라가 못되는가? 왜 이런 폭력들이 난무하는 것일까? 재독 철학자 한병철의 "투명사회"에 보면 "투명사회는 지배자들의 계산대로 움직이고 조종당하고 통제당하는 사회다." 투명사회는 흡사 미셸 푸코(Michel Foucault)가 말한 감옥과 같이 통제된 사회다. 여기서 감옥은 학교와 직장, 교회와 가정이다.

서울의 서대문에 서대문형무소가 있다. 이 형무소를 자세히 보면 다섯 동의 감옥들이 가운데를 중심으로 모여 있다. 감시자들이 중앙기둥에서 360도만 돌면 한 번에 다섯 동의 감옥에서 일어나는 일들을 관찰할 수 있다. 한두 명의 병력으로 수많은 범죄자들을 관리할 수 있는 시스템이다. 투명하다는 것은 깨끗하다는 것으로 이해될 수 있지만 실상은 시스템의 강제력이 작용된 영역이고, 개인의 사적영역이 포기된 영역이다. 한병철은 "투명성은 곧 폭력이다."라고 말한다.

우리사회는 개인과 기업, 국가의 욕망으로 인해 많은 부분에서 폭력을 양산하고 있다. SNS를 통한 사적영역은 이미 공론화 되었다. 얼마 전 한 SNS관련 기업이 국가의 요구에 응해 개인의 사적 비밀을 넘겨준 사건도 있었다. 권력에 야합하는 기업은 그 결과가 자명하다. 네티즌들은 분노했고 많은 사람들이 외국계 SNS로 인터넷 망명을 떠났다. 더 이상 온라인 안에서는 사적비밀이 보장되지 않는다. 누군가의 정보를 얻으려면 쉽게 얻을 수 있다. 일명 '신상 털기'를 당하면 그 피해는 물리적 폭력에 비할 바가 아니다. 그리스도인들조차 이 시류에 부화뇌동하며 공론화된 인터넷의 공간에서 남 헐뜯기에 앞장선다. 사실은 잘 알지도 못하면서 글로 혹은 문자로 사람을 죽인다.

"잘 알지 못하는 것"은 섣부른 정보다. 부부가 50년을 같이 살아도 모르는 부분이 많다. 하물며 잘 알지도 못하면서 남을 공격하거나 '안다'라고 말하는 것만큼 어리석은 짓이 없다. 그저 심심풀이로, 떠도는 소문으로 사람을 도마 위에 올려놓고 마음대로 요리한다. '안다'라고 말하는 것은 그 다음을 요구한다. '안다'는 것은 권태로운 삶의 다른 말이다. 권태로운 삶은 새로운 것을 욕망한다. 계속해서 새로운 것을 욕망하다 보면, 서로에게 무관심하거나 상처를 줄 개연성이 크다. 따라서 상대방의 언어와 몸짓, 행동을 '안다'라고 표현하는 것은 권태로운 삶을 부추기는 섣부른 행동이다. 알아도 모르는 척 새롭게 상대방의 언어를 이해하려고 하는 자세가 권태로움을 극복할 수 있는 방법이다. 일상(Routine)의 삶을 탈출할 수 있는 방법이기도

하고 정신적 폭력과 지배에서 벗어날 수 있는 길이기도 하다.

그리스도인들이 흔히 간과하는 '말'이 있다. 그 '말'은 매우 중요하지만 이미 '안다'라는 이유로 '그 다음'을 요구한다. 예를 들어 설교자가 "하나님은 사랑이십니다."라고 선포하면 성도들의 머리에는 '그 다음(skip)'이라는 단어가 스친다. 왜냐하면 이미 알고 있는 말이기 때문이다. 만약 '그 다음' 말이 이어지지 않으면, 성도들은 잠시 공허한 상태로 빠지게 된다. 왜냐하면 '그 다음'이란 말은 욕망의 다른 표현이기 때문이다. 이미 아는 말이기 때문에 다음을 요구하는 것은 이전 말에 대한 의미를 축소하는 행위다. 여기에 '안다'라는 속임수가 있다. 성도들은 "하나님은 사랑이시다."라는 말을 많이 들어서 안다. 하지만 실제로 아는 것이 아니다. '안다'고 머리로 인지하거나 착각할 뿐이다. 만약 "하나님은 사랑이시다."라는 의미를 가슴으로 혹은 마음으로 느끼고 체험한다면 그 말씀은 "그 자체로" 감동으로 다가올 것이다.

따라서 "안다는 것과 투명하다는 것"은 욕망을 부추기는 기계와도 같다. 머리로는 잘 통제되고 이해되지만 마음으로 경험되거나 인간의 감성적 접촉을 허용하지 않는다. 이와 같이 욕망을 부추기는 일련의 습관과 제도는 지배 권력과 야합하여 자본의 욕망에 따라 인간의 삶의 척도를 재단하고 심지어는 물리적이고 정신적인 폭력을 양산하게 한다. 결과적으로 필자는 이러한 두 얼굴을 하고 있는 돈의 얼굴에 대해 그리스도인들이 잘 판단하고 대처해야 한다고 말하고 싶다. 우리가 살고 있는 이 시대의 갖가지 고통스러운 상황에 대해 그저 머리로만 아는 체하고 지나치는 것이 아니라 마음으로 느끼고 공감하며 실천으로 옮길 수 있어야 한다. 욕망에서 비롯된 폭력적 양상을 바로잡는 데에 일조하는 그리스도인의 모습이 진정한 하나님 나라를 앙망하는 사람들이다.

진정한 자유

자유의지(Free Will)는 인간에게 주어진 이성적 선물이다. 인간에게는 무엇을 할 자유도 있지만, 하지 않을 자유도 있다. 사람들이 다 '네'라고 대답해도 '아니요'라고 말할 자유가 있고, 어떤 일이 있을 때 수락 혹은 거부할 수 있는 자유도 있다. 만약 이런 자유의지가 없다면 인간은 동물이나 공장에서 돌아가는 기계와 다를 바가 없다. 그러나 인간이 무엇인가를 선택하거나 행동할 수 있는 자유의지가 있다고 하여 다 같이 인간의 존엄을 유지하는 것은 아니다. 사람에 따라서는 자유의지가 약할 수도 있고, 그에 따라 판단력이 흐려질 수도 있고, 그 결과 실패를 경험할 수도 있다. 왜냐하면 인간에게 주어진 자유의지는 인간이 선택할 수 있는 특권이지만 인간의 자유의지가 꼭 올바른 것을 선택하리라는 법은 없기 때문이다.

현대를 살아가는 사람들은 하루아침에도 수없이 많은 일들을 결정하고 선택한다. 상사의 괴롭힘에 사표를 제출할까? 말까? 갈등하고, 금연을 하기로 다짐했지만 흡연의 욕구를 이기지 못해 흐지부지하거나, 다이어트를 계획하고 식이요법대로 음식을 절제하다가도 맛있는 음식에 무너지는 상황을 경험한다. 인간의 자유의지는 내적인 동인도 중요하지만 외적인 환경에도 지배를 받는다. 특별히 자유의지를 흐트러지게 하는 외부적 구조와 욕망은 인간의 의지를 더욱 박약하게 만든다. 따라서 인간에게 주어진 자유의지가 누구에게서 어떤 방식으로 주어졌는가를 이해하고 아는 것이 필요하다.

사실 인간의 욕망은 세상의 기준에 부합하는 성공도 가져다주고 실패도 경험하게 한다. 중요한 것은 "그 욕망이 우리를 어디로 인도하는가?"를 직시하는 것이다. 욕망과 자유의지의 관계를 바로 이해하고, 어떤 선택의 상황이 주어졌을 때에 올바른 선택을 할 수 있는 판단력을 길러야 한다. 욕망에 따라 사는 인간은 "신앙 안에서 승리하는 삶을 살 것인가? 아니면 세상 속에서 성공하는 삶을 살 것인가?"의 선택의 기로에서 자신의 자유의지를 욕망에 복속시키는 방향으로 판단하는 경우가 대부분이다. 하지만 여기서 그리스도인들이 알아야

할 자유의지는 일반적으로 인간이 무엇인가를 선택할 수 있는 자유의지와는 다르다는 것을 명심해야 한다. 일반적으로 인간이 가질 수 있는 자유의지는 무엇인가를 할 수 있는 의지이지만, 그리스도인의 자유의지는 인간에게서 나온 의지가 아니라 하나님이 주신 은혜의 선물이다.

필자의 딸이 유치원 다닐 때 있었던 일이다. 딸이 그네를 타려고 놀이터에 갔는데 놀고 있는 친구들이 아무도 없었다. 내심 '마음껏 그네를 탈 수 있겠다.' 생각하고 그네에 앉아 발을 굴러 보았지만, 그네가 마음대로 움직이지 않았다. 딸은 그네에 앉아 발만 동동 구르다가 엄마와 아빠를 힘껏 불렀지만, 우리부부는 그 소리를 듣지 못했다. 딸은 정말로 그네를 타고자 하는 욕망이 있었지만 본인의 의지대로 할 수 없는 상황에 봉착하자 기도하기 시작했다. "하나님, 그네를 밀어줄 친구를 보내주세요!" 그런데 마침 한 아주머니가 그녀의 딸과 함께 놀이터에 나타났다. 그리고는 혼자 있는 딸을 보고 자신의 딸을 한 번 밀어주고, 필자의 딸을 한 번 밀어주고 그렇게 번갈아 밀어주며 보살펴 주었다. 딸은 하나님께서 자신의 기도를 들어주신 것에 대해 무척 기뻐했다.

그리스도인들에게는 기도할 수 있는 자유가 있다. 언제 어디서든 하나님께 기도할 수 있는 자유는 하나님이 우리에게 주신 축복이다. 어떤 일을 하고 싶지만 하지 못할 때 기도할 수 있는 자유의지를 허락하신 분은 하나님이다. 필자의 딸이 그네를 타고 싶어 했지만 그네를 탈 수 없었을 때, 딸이 선택한 것은 하나님께 기도하는 것밖에 없었다. 딸에게 기도할 수 있는 자유의지를 하나님이 주신 것이다. 그 결과 딸은 이웃 아주머니의 도움을 통해 자신의 욕망을 충족할 수 있었고, 기도의 응답이 이루어진 것에 대해 감사를 드릴 수 있게 되었다.

존 웨슬리(John Wesley)의 신인협동설은 하나님과 인간이 협동하여 구원을 이룬다는 뜻이다. 하지만 구원은 오직 하나님의 몫이다. 인간이 아무리 노력해도 얻어지는 것이 아니다. 혹자들은 인간의 자유의지가 인간의 몫이라고 생각한다. 하지만 이 자유의지조차도 하나님이 주신 은혜의 선물이다. 하나님의 구원의 초대에 응답할 수 있는 자유의지가 인간에게 선물로 주어진 것이다. 따라서 이 구원의 초대에 응답하는 것은 자유의지를 가진 그리스도인이 취할 수 있는 책임적 행동이다. 이러한 책임의식을 깨달은 그리스도인들은 욕망에 따라 자유의지를 복속시키는 것이 아니라 욕망을 이기고 관리하며 책임적 존재로서 오직 하나님을 향한 의지적 표현으로 자유를 만끽하는 자들이다.

길을 걷다가 불쌍한 사람들을 보면, 그들이 누구인지 몰라도 그들과 굳이 대화하지 않아도 그들의 모습 그 자체가 우리에게 말을 걸어온다. 사람마다 다르지만, 대부분은 동정심을 가지고 바라본다. 일반적으로 욕망에 따른 자유의지를 가진 사람들은 돕기도 하고 그냥 무관심하게 지나치기도 한다. 하지만 하나님이 주신 자유의지를 소유한 그리스도인들은 마땅히 불행을 당한 사람들의 요구에 응답해야 한다. 여기서의 자유의지는 반드시 응답해야 하는 책임적 자유의지다. 갈등하는 자유가 아닌 반드시 응답해야 하는 책임이 그리스도인들이 소유한 자유의지인 것이다. 성경의 "선한 사마리아인의 비유"에서도 알 수 있듯이 세 명의 사람들은 모두 강도 만난 자의 모습을 통해 강도 만난 자의 상황, 그 자체가 그들에게 말을 걸어옴을 들었다. 제사장과 레위인은 그들에게 다가온 부름을 모른 체하며 책임을 다하지 못했다. 그들은 욕망에 복속된 자유의지를 가진 자들이다. 하지만 사마리아인은 강도 만난 자의 필요를 따라 즉각적으로 응답하고 도움을 주었다. 이것이 바로 참된 그리스도인의 책임적 표상이고, 하나님이 주신 진정한 자유의지를 소유한 그리스도인의 모습인 것이다. 그리스도인의 자유의지는 욕망을 절제하며 폭력을 근절하고 바른 것을 선택할 수 있는 길을 제시해 주는 책임적 의지다. 이것을 함양한 그리스도인들은 신자유주의적 시장경제체제에서 올바른 가치판단과 하나님 나라의 정의를 실현할 수 있는 능력을 소유한 하나님의 백성들이다.

모네타
Moneta

2장

그리스도인의
믿음과 가치

믿음으로 사는 삶

초등학교 다니는 아들이 숙제 때문에 아버지에게 물었다. "아빠! 5대양 6대주가 뭐에요?" 아빠는 아들에게 "그것도 모르냐?" 핀잔을 주면서 "5대양은 김양, 이양, 박양, 최양, 조양이고, 6대주는 양주, 맥주, 청주, 포도주, 동동주, 소주야!"라고 말했다. 다음날 아들은 학교에 가서 선생님께 꾸지람을 들었다.

최근 한국 기독교는 이단으로 인한 혼란이 가중되고 있다. 이단의 뜻은 "끝이 다르다."는 뜻이다. 처음 시작은 다 진리인 것 같고 참인 것 같지만, 종국에는 그 실체가 드러나게 되어 있다. 우리가 사는 세상에서 참 진리는 무엇인가? 우리는 무엇을 믿고 사는가? 자신을 의지하는가? 아니면 가족을 의지하는가? 아니면 친구를 의지하는가? 아니면 돈을 의지하는가?

그리스도인에게는 사실을 정확히 아는 자세가 필요하다. 잘못된 지식은 잘못된 결론에 다다를 수밖에 없다. 따라서 "내가 아는 지식이 정말 사실인가?" 확인하고 또 확인하는 자세가 필요하다. 인간의 이성적 판단으로 합리적 결론을 도출해 내는 것들을 가리켜 우리가 믿을 수 있는 객관적 사실이라고 말할 수 있다. 인간은 그것에 믿음을 부여하여 삶의 열정을 쏟아붓는다. '믿음',이 말은 삶의 가장 중요한 동인이고 에너지다. 하지만 그 믿음의 대상과 의미가 처음부터 잘 못된 것이라면 어떻게 되는가?

에덴동산에서 하나님은 인류를 창조하시고 인간에게 "선악을 알게 하는 나무의 열매를 결코 먹지마라! 먹는 날에는 정말 죽을 것이다." 하였다. 하지만 인간은 하나님의 명령을 따르지 않고, 사탄의 유혹에 빠져 인류 최초의 '판단오류'를 범하고 말았다. 그 결과 인간은 하나님과의 관계단절을 맛보게 되었다.

아브라함은 믿음으로 하나님의 명령에 순종하고 본토 친척, 아비의 집을 떠나 하나님께서 인도하시는 땅으로 삶의 거주지를 옮겼다. 모세는 또한 하나님의 말씀에 순종하고 이집트에서 종살이 하고 있던 이스라엘 백성을 인도하여 출애굽을 단행한다. 그는 하나님께 대한 믿음과 순종으로 이스라엘 백성을 젖과 꿀이 흐르는 가나안으로 백성들을 인도한다. 아브라함과 모세가 보여준 하나님께로 향한 무한신뢰의 근거는 무엇일까? 그 믿음의 판단근거는 무엇일까? 그것은 바로 '앎'이다. 아브라함과 모세는 하나님을 알았다. 하나님을 잘 알았기 때문에 그분에 대한 믿음이 확고했던 것이다. 이렇듯 '앎'이란 인간의 가치 판단에서 중요한 기준틀로 작용한다.

김우창 교수는 그의 책 "깊은 마음의 생태학"에서 인간의 '앎'은 생물학적 카테고리와 사회적인 카테고리가 있다고 말한다. 흔히들 우리가 부모와 남편, 아내, 자녀, 친척을 안다고 했을 때, 그 범주는 생물학적 카테고리다. 그러나 대통령을 알고, 연예인을 알고, 선생님을 알고, 친구를 알고, 내가 타고 다니는 버스의 운전기사를 아는 것은 사회적인 카테고리다. 생물학적 카테고리는 가족이기 때문에 안다고 말할 수 있지만, 그들과의 소통이 부재하다면 진정으로 아는 것이 아니다. 마찬가지로 사회적인 카테고리는 그들의 역할과 직업적 기능을 아는 것뿐이지, 그들과의 소통이 직접적으로 이루어진 앎은 아니다. 따라서 이들에 대한 믿음은 그 판단근거가 매우 불안하거나 일시적일 수밖에 없다.

생물학적인 카테고리와 사회적 카테고리는 본질적으로 차이가 있다. 우리가 부모를 아는 것과 버스 운전기사를 아는 것은 차이가 있다. 그 차이는 바로 "사랑이라는 감정"이다. 사랑이라는 감정이 생물학적인 카테고리에서만 일어나는 것은 아니지만 근본적으로 그럴 가능성이 높다. 부모는 자녀를 사랑한다. 이 사랑은 자녀에게 무한 신뢰를 준다. 누군가 나를 사랑하고 있다는 것을 느끼고 나도 그를 사랑한다면, 이 관계는 무한신뢰와 믿음의 관계를 형성한다. 따라서 앎이란 "사랑의 감정"으로 엮어질 때 믿음으로 발전하는 것이다. 사회적 카테고리 안에서도 마찬가지다. 그들을 진정으로 안다는 것은 그들을 진정으로 '사랑한다'는 것을 전제로 한다. 그럴 때에 "그들을 믿는다."라고 말할 수 있다.

믿음의 첫 번째 판단근거는 '사랑'이다. 믿음은 "서로가 사랑한다는 것을 아는 것"을 전제로 한다. 목사님들이 성도를 믿고, 성도들이 목사님을 믿는다는 것과 대통령이 국민을 믿고 국민이 대통령을 믿는다는 것은 생물학적 카테고리는 아니다. 하지만 서로를 믿고 신뢰할 수 있는 이유는 그들의 역할과 기능에 대해서만 아는 것이 아니라 목사님이 성도를, 대통령이 국민을 사랑한다는 것을 알기 때문에 신뢰하고 믿을 수 있는 것이다. 이렇듯 사랑은 믿음의 대상을 생물학적 범주에서 사회적 범주로 확장시켜주는 역할을 한다.

믿음의 두 번째 판단근거는 '정의'다. 신학자 라인홀드 니버(Reinhold Niebuhr)는 "예수 그리스도가 제시한 기독교의 궁극적인 규범인 사랑을 정의를 통해 어떻게 사회와 역사적 현실 속에 구체화시킬 것인가?"에 대해 질문하였다. 믿음의 최대 조건은 사랑이다. 하지만 이 사랑은 매우 추상적인 단어다. 따라서 사랑은 구체적으로 또는 세심하게 표현되어야 한다. 그렇게 표현할 수 있는 최상의 방법은 정의를 통해서 가능하다. 가령 누군가를 사랑한다고 말한다면 그에게 정직해야 한다. 또한 무언가를 사랑한다고 말한다면 그것을 지키기 위해 정의롭고 공의롭게 생활해야만 한다. 정의롭지 못한 관계는 신뢰가 무너질 수밖에 없다. 신뢰는 사랑의 기초이고 사랑은 믿음의 절대적 조건이기 때문이다. 따라서 그리스도인이 믿음으로 산다는 것은 믿음의 대상이 요구하는 사랑을 정확히 알고 그 사랑을 이루기 위해 정의롭게 삶을 사는 것이다.

사도바울은 로마서 1장 17절에 "오직 의인은 믿음으로 말미암아 살리라"라고 말한다. 세상을 살아가는 방식은 여러 가지다. 하지만 그리스도인들은 오직 믿음으로 살아야 한다. 이렇게 살아가는 그리스도인들을 향하여 바울은 '의인'이라고 명명한다. 의인은 다른 말로 정의로운 사람이다. 그러면 바울이 말한 정의로운 사람은 누구인가? 바울은 "믿는 것"과 "사는 것"이 일치하는 사람이 정의로운 사람이라고 말한다. 특히 갈라디아서 2장 20절에서 바울은 "내가 그리스도와 함께 십자가에 못 박혔나니 그런즉 이제는 내가 산 것이 아니요 오직 내 안에 그리스도께서 사신 것이라 이제 내가 육체 가운데 사는 것은 나를 사랑하사 나를 위하여 자기 몸을 버리신 하나님의 아들을 믿는 믿음 안에서 사는 것이라"라고 말하면서 그 믿음의 촛점을 예수 그리스도께 맞췄다.

정의로운 사람은 예수 그리스도의 죽음과 부활을 믿고 순종하는 사람이다. 이 믿음은 예수 그리스도의 사랑이 우리에게 강권적으로 역사했기 때문에 발생한다. 따라서 예수 그리스도의 사랑을 바탕으로 형성된 믿음은 에베소서 2장 14~15절의 말씀처럼 '새사람'으로 거듭날 것을 촉구한다. "그는 우리의 화평이신지라 둘로 하나를 만드사 원수 된 것 곧 중간에 막힌 담을 자기 육체로 허시고 법조문으로 된 계명의 율법을 폐하셨으니 이는 이 둘로 자기 안에서 한 새사람을 지어 화평하게 하시고". 예수님은 '화해자'로 이 땅에 오셨다. 예수님은 양극화된 구조를 허무시고 죄인들을 어루만지시며 인류에게 평화의 메신저가 되어 우리의 삶을 이끄신다. 그러므로 예수님을 따르는 제자는 예수님과 같이 새사람으로 거듭나 화해자의 삶을 따라 살아야한다. 이런 삶을 살 때에 비로소 예수님을 안다고 말할 수 있는 자신감이 생긴다. 결과적으로 새사람이 되고 화해자의 삶으로 산다는 것은 사랑과 정의를 통하여 믿음으로 삶을 영위하는 것을 말한다. 하지만 신자유주의 시장경제 안에 살고 있는 우리들은 정말 이러한 믿음으로 삶을 살고 있는가? 아니면 자신의 신념을 바탕으로 한 다른 믿음을 가지고 삶을 살고 있는가? 묻지 않을 수 없다.

믿음(Faith)과 개인의 신념(Conviction)차이

신학자 볼파르트 판넨베르크는(Wolfart Pannenberg)는 "하나님은 역사를 통해 그의 뜻과 계시를 온전히 보여주셨다."라고 말하면서 일반계시의 중요성을 역설한다. 따라서 인간의 이성을 도구로 하여 역사 안에 주어진 계시를 알아가는 과정이 그의 신학의 주요흐름이다. 반면에 신정통주의 신학자 칼 바르트(Karl Barth)는 특별 계시를 주장한다. 말씀중심과 그리스도론 중심의 신학이 그의 주된 신학방법이다. 바르트는 "하나님의 계시는 성경을 통해 인간이 어느 정도 알 수는 있지만 온전히 다 알 수는 없다."라고 말한다. 무한한 하나님을 유한한 인간이 다 이해하고 알 수 없다. 하나님은 초월적인 분이시기 때문이다. 무소부재하시고 전지전능하신 하나님은 인간의 이성 안에 가둘 수 없다. 따라서 하나님을 다 안다고 말하는 것은 인간의 어리석은 교만에 지나지 않는다.

믿음은 객관적으로 증명할 수 있는 영역을 넘어선다. 믿음은 합리적 이성으로 판단할 수 없는 영역이다. 어떻게 보면 믿음은 지극히 주관적인 영역이 더 강하다. 사도바울이 다메섹에서 예수님을 만나고 회심하고 제자들에게 나타났을 때에 누구도 그의 말을 믿지 않았다. 왜냐하면 그의 고백은 지극히 주관적이었기 때문이다. 따라서 인간의 제한된 이성의 잣대로 주관적인 성향의 믿음을 증명하려고 하면 이해할 수 없는 부분이 너무도 많아진다. 반면에 개인의 신념은 대부분 객관적 사실을 바탕으로 형성된다. 그들의 신념은 눈에 보이는 것을 쫓아가며, 개인의 이성적 판단을 근거로 성립된다. 합리적이고 과학적이고 실제적이고 증명 가능한 것을 가지고 추론하는 이성의 작동방식은 신념의 중요한 구성요소다. 따라서 믿음과 신념은 근본적으로 다른 방식을 통해 그들이 말하는 믿음의 대상과 접촉한다.

믿음의 절대 조건은 사랑이다. 사람이 사람을 사랑하는 것과 사람이 동식물을 사랑하는 것, 사람이 자연환경을 사랑하는 것은 눈에 보이는 실체와 그 상호작용이 명백하기 때문에 객관적으로 증명가능하다. 이것은 "신념 안에서의 사랑"이다. 하지만 그 실체가 보이지 않는 대상 즉 하나님을 사랑하고 그의 말씀을 믿고 따르는 것은 매우 어렵고 또한 매우 주관적인 판단을 필요로 하게 된다. 이것은 "믿음 안에서의 사랑"이다. 따라서 "믿음 안에서의 사랑"과 "신념 안에서의 사랑"은 근본적으로 다르다. 신념 안에서의 사랑은 인간의 이성적 판단에 근거하여 개인 상호간의 윤리적이고 도덕적인 정당성을 요구한다. 반면에 믿음 안에서의 사랑은 인간의 이성적 판단을 넘어선 초자아(Super Ego)의 영역이고, 하나님의 아가페적인 사랑을 전제로 한다. 따라서 믿음 안에서의 사랑은 흔들리지 않는 절대자와의 관계로 형성되지만, 신념 안에서의 사랑은 흔들릴 수밖에 없는 상대자 혹은 유한한 자와의 관계로 형성된다.

믿음 안에서의 사랑은 마하트마 간디, 마틴 루터 킹, 마더 테레사와 같이 이타적이며 희생적인 사랑의 결과를 낳지만, 신념 안에서의 사랑은 종국에는 개인 간의 집착, 사회 계층 간의 양극화 혹은 더 나아가 인종간의 차별, 국가 간의 전쟁, 종교 간의 공격 등 다양한 형태의 폭력으로 나타난다. 왜냐하면 자신의 신념과 위배되는 성향과 대면할 경우 상대를 향해 공격적 언어와 행동을 수반하기 때문이다. 이러한 사랑은 "원수를 사랑하라"고 말씀하신 예수님의 산상수훈에 위배된다. 이런 왜곡된 사랑으로서의 폭력은 개인과 집단의 욕망과 집착에서부터 시작된다. 2015년 벽두부터 IS(이슬람 수니파 과격 무장 단체)로 부터 희생당한 사람들이 있었다.

그릇된 신념이 개인과 집단을 규정하는 정체성으로 표현될 때, 그 폭력의 양상은 더욱 심화된다. 믿음과 신념은 같은 영어단어 'belief'를 사용해도 된다. 어떻게 보면 믿음과 신념은 같은 뜻으로 보인다. 하지만 하나님을 믿는 믿음은 'faith'라는 단어로, 신념은 'conviction'이라는 단어로 구분해서 사용해야 한다. 신념(conviction) 혹은 확신(conviction)은 흔히 법정에서 유죄 혹은 무죄판결을 지칭할 때 사용된다. 여러 가지의 정황과 자료를 바탕으로 한 판결은 판사와 배심원의 신념이다. 따라서 이 신념은 판단을 내린 인간의 측면에서는 절대적일 수 있으나 그것은 매우 제한적이고 상대적인 판단이다. 따라서 신념은 항상 '판단오류'를 범할 수 있다. 왜냐하면 인간의 이성은 왜곡된 욕망으로 인하여 항상 절대적일 수 없기 때문이다.

따라서 불완전한 인간의 이성으로 형성된 신념은 그 자체로 조작된 정체성으로 나타날 수 있다.

신념(conviction)은 곧 개인과 집단의 정체성(Identity)이다. 어떤 생각을 하는지? 얼마나 돈을 벌어야 하는지? 문화생활은 얼마나 누려야 하는지? 보수인지? 진보인지? 기독교인지? 불교인지? 그 개인과 집단이 어떤 주변 환경에 놓여있느냐에 따라서 신념과 정체성이 달라질 수 있다. 물론 믿음(faith)도 개인과 공동체의 정체성으로 표출된다. 올바른 믿음에 의한 정체성은 이기적이지 않고 오히려 이타적이기 때문에 폭력적 경향을 배제하며 그 결과 또한 신념에 의해 세워진 정체성과는 현격하게 다른 양상을 보인다. 일반적으로 정체성은 자신이 속한 국가와 종교적 집단과 사회 경제적 위치, 삶의 방식에 따라 달라진다. "나는 어떤 정체성을 가지고 있는가?" 알고 싶다면 다음과 같은 질문을 던져보면 된다. "나는 무엇을 해야 하는가? 무엇을 만족시켜야 내게 최선의 이익이 되는가? 어떤 선택을 해야 내 목적이 가장 잘 성취될 것인가? 나는 무엇을 합리적으로 선택해야 하는가?"

위 질문들의 공통분모는 무엇인가? 그것은 '나'라는 주체이고 내가 얻어야할 "이익이 무엇이냐?"다. 다른 말로 한 개인의 정체성은 "바라고 성취해야 할 이익"에 따라 규정된다. 따라서 신념에 의해 형성된 정체성은 '나와 이익'을 위해 존재한다. 그렇기 때문에 개인과 집단에 의해 형성된 정체성은 필요에 따라서 사랑을 취하기도 하고 버리기도 한다. 심지어 나와 다른 정체성을 가진 개인과 집단을 향해 공격하는 폭력적 현상을 보이기도 한다. 이것을 가리켜 경제학자이며 철학자인 아마르티아 센(Amartya Sen)은 "야만적으로 조작된 정체성으로 빚어진 폭력"이라고 지적한다. 개인과 집단의 신념이 경제적, 정치적 욕망으로 분출될 때 그 정체성은 폭력을 수반하게 된다.

센은 또한 "다양성과 다원성을 가진 인간의 존재는 종교와 민족, 문명, 문화 등 어느 하나의 정체성에 의해 규정될 수 없고 서로를 구분하며 적대시할 수 없다."라고 말한다. 오늘날 세계의 갈등과 만행, 폭력이 이러한 획일적 정체성에 의해 자행되고 있음을 지적한다. 이 획일적 정체성은 신자유주의 경제적 세계화와 종교적 근본주의 테러리즘, 인종적 문화우월주의의 신념에서 비롯된다.

미국의 정치학 교수 사무엘 헌팅턴(Samuel Huntington)은 "문명의 충돌"에서 "정체성은 인종과 인종 사이, 종교와 종교 사이의 충돌을 야기한다."라고 말한다. 서구 문명과 이슬람 문명의 충돌, 유색인종과 백인종 간의 충돌은 불가피하다. 미국의 9.11테러를 통해서 보았지만, 이슬람 근본주의 무장단체 알카에다의 테러는 엄청난 충격과 공포를 불러일으켰다. 지금도 이슬람 문명과 서구 사회는 끝

없는 긴장 속에 놓여 있다. 이렇듯 문명과 문명, 인종과 인종, 종교와 종교와의 정체성의 갈등은 인간의 왜곡되고 획일화된 신념들로부터 정당화되고 있다. 사람들은 저마다 확신에 찬 목소리로 자신들의 신념을 '믿음'화 하는 데 성공했다.

목회를 하다 보면 간혹 이런 부류의 사람들을 만난다. 그들은 자신의 신념이 믿음인 줄로 착각하며 확신에 찬 목소리를 높인다. 하지만 그들의 목소리를 듣다보면 결국에는 자신의 이익과 부합하는 결론을 말하고 있는 것을 보게 된다. 심지어는 하나님께로 향한 믿음조차도 개인의 이익과 안녕, 평안을 위해 존재한다. 이런 사람들의 신념은 하나님을 향한 사랑과 정의로운 행동이 수반되지 않는다. 믿음은 오직 사랑과 정의를 통해 하나님 나라의 확장을 위해 나타나지만, 개인의 신념은 개인과 개인, 민족과 민족이 서로 죽고 죽이는 폭력적 양상으로 나타난다. 신념이 믿음과 다른 것은 그 폭력적 결과에서 찾아볼 수 있다.

믿음의 결과는 성령의 9가지의 열매에서 볼 수 있듯이 개인과 공동체를 위해서 유익한 결과를 가져온다. 왜 이런 차이를 보이는 것일까? 개인의 신념, 그 이면에는 개인적 욕망을 부채질하는 맘몬(mammon)이 있기 때문이다. 우리는 믿음과 개인의 신념을 혼동해서는 안 된다. 하나님을 향한 온전한 믿음은 인간의 이성적 판단으로 결정된 신념과는 다르다. 이 믿음은 보이지 않는 하나님을 믿는 것이고 기록된 성경 말씀을 삶 속에서 경험하는 것이다. 하지만 신념은 보이는 것에 집착하는 바람이고 자신의 명예와 이익, 집단적 이기주의를 통해 형성된 그릇된 믿음이다. 이 신념은 결과적으로 세상에서 물신을 숭배하며 폭력적 양상을 띤다. 그리고 하나님의 형상으로 창조된 인간과 피조물의 가치를 폄하하는 결과를 초래한다. 그릇된 신념은 하나님이 창조하신 가치 있는 것들을 무가치하게 만들고 있다. 따라서 그리스도인들은 하나님이 부여해 주신 진정한 가치에 대해 생각하고 그것을 지켜야 한다.

상품의 교환가치와 인간의 존재가치

우리는 저마다 가치 있는 삶을 살기 원한다. 생각하는 일과 행동하는 일, 직장에서 일하는 것과 집에서 가족들과 함께 지내는 일, 여행을 가는 일과 봉사하는 일, 그리고 교회에 와서 기도하고 찬양하며 예배를 드리는 중에도 끊임없이 자신의 현재 모습과 행동에 대한 '가치'를 묻는다. '나는 가치 있는 존재인가?', '내가 하는 이 일은 가치 있는 일인가?'

인간에게 가치란 삶의 존재이유다. 어떤 생각과 일을 하느냐에 따라서 삶의 존재 양식도 변한다. 그렇다면 그리스도인의 참 가치는 무엇일까? 그것은 하나님을 사랑하고 하나님의 말씀에 따라 주변사람들을 돌보고 사랑하는 것이 아닐까? 생각한다. 하지만 실상은 먹고 살기 바쁘다는 이유로 가치 있게 살지 못하는 경우가 많다. 오히려 성경의 가치를 외면하고 세상적이고 물질적인 가치를 따라 사는 것은 아닌지 늘 자신을 돌아봐야 한다.

사람들은 언제나 무엇인가를 사고 싶은 충동에 사로잡혀 있다. 경제적 수준에 따라서 차이는 있지만 대부분 먹고 싶은 것이 있으면 사먹고, 입고 싶은 것이 있으면 사서 입는다. 더 크게는 좋은 집과 가구, 가전제품, 더 나아가 자신의 명의로 된 땅도 소유하고 싶어 한다. 옛날에는 배고프면 밭에 나가 먹을 것을 찾아 나무의 열매를 따먹거나 밭에 심겨진 것을 캐고, 신발이 없으면 신을 만들어 신고, 옷이 없으면 목화로 옷을 만들어 입으면 되었지만, 지금은 먹을 것과 신을 것, 입을 것 모두를 구입해야만 한다. 예전과 생활방식이 달라졌다. 현대인들이 거주하는 집 또한 생산적 구조이기 보다는 소비적 패턴이 주를 이룬다. 물도 소비하고, 전기도 소비하고, 가스도 소비하고, 전월세비도 내야하고, 대출금도 갚아야 한다. 우리의 삶의 환경은 언제부턴가 소비중심의 삶으로 바뀌었다. 즉 가게와 백화점의 진열대에 놓인 상품들을 구매하지 않으면 생존할 수 없는 환경으로 삶의 시스템이 전환되었다. 이렇듯 현대인들은 "상품이 지배하는 환경" 속에 살게 되었다. 그렇다면 상품이 지배하는 사회 속에서 살아가는 사람들의 가치의 척도는 무엇일까?

상품(commodity)이란 무엇인가? 일반적으로 기업은 건물, 토지, 자본을 투입해서 상품을 개발한다. 여기서 필요한 것은 상품에 대한 "아이디어와 노동력"이다. 한마디로 "누가 그 상품을 만들 것인가?"다. 따라서 기업은 기업이 원하는 상품을 만들기 위해 일할 사람들을 모집해서 직원을 채용하고 그들과 임금을 협상한다. 임금을 책정하기 위해 지원자의 업무능력을 고려하고, 그 능력에 따라 차등을 부여한다. 지원자의 학력수준과 업무능력이 곧 연봉으로 환산되고, 지원자 개개인의 노동력은 대부분 평가절하된 급여와 교환된다. 즉, 사람의 노동력은 교환가치(value in exchange)의 척도가 된다. 이 계약은 상호간의 합의에 의해 결정되는데 그 합의가 그 사람의 경제적 가치를 결정한다. 이것을 너무도 잘 아는 현대인들은 자신의 교환가치를 높이기 위해서 열심히 공부하고 자기계발을 한다. 사람들은 원하든 원하지 않든 자신을 기업에 맞는 상품으로 잘 포장하여 미래에 받을 임금과 자신을 교환한다. 이때 중요한 것은 자신의 상품가치다.

상품이 지배하는 사회 속에 살면서 사람들은 자기 스스로를 상품으로 취급하며 산다. 교회나 학교, 직장 어디를 가도 사람을 판단하는 기준은 그 사람의 '됨됨이'보다 "사람구실을 하느냐?"에 초점을 맞춘다. 요즘 '사람구실'은 곧 '경제력'이다. 학력도, 건강도, 외모도, 돈이면 다 된다는 풍조가 만연해 있다. 그리스도인들조차도 가치가 전도된 시대를 향유하고 있다. 사람들의 가치기준이 가치관과 성향, 사랑과 정의, 용서, 연대의식과 같은 정신적 측면이 아니라 돈과 집, 자동차와 명품 옷과 액세서리와 같은 물질적 측면에 의해서 결정된다. 이러한 기준은 정말 가치 있는 것인가?

교환가치는 상품과 돈이 교환되는 시점에서 발생하기도 하지만 상품과 상품이 교환되는 시점에서도 발생한다. 가령, A라는 사람은 양말 한 켤레를 5시간이면 만든다. B라는 사람은 신발 한 켤레를 20시간이면 만든다. A와 B가 상품을 교환하려고 할 때, 어떤 일이 발생할 수 있겠는가? 우선 각자 양말과 신발에 들어가는 천과 가죽의 원자재가격과 작업환경을 고려할 것이다. 그리고 상품을 만든 자신의 숙련도와 투자한 시간을 고려할 것이다. 이것을 종합해서 자신이 만든 상품의 가치를 결정한다. 상품을 만들 때 소요된 시간은 상품가격 결정에 매우 중요하다. 왜냐하면 이윤(profit)이라는 것은 사람의 노동력과 그에 따른 노동시간에서 나오기 때문이다. 따라서 양말과 신발이 동등하게 교환되려면, 아마도 양말 4켤레와 신발 1켤레가 등가물(equivalent)이 되어야 한다. 왜냐하면 양말과 신발을 만드는 사람의 숙련도와 원자재 가격이 같다고 가정하더라도 투여된 노동시간이 다르기 때문이다. 이런 이유로 수작업으로 만든 양말과 신발보다 공장에서 대량으로 찍어낸 양말과 신발이 훨씬 더 싸게 판매가 된다. 왜냐하면 상품을 만드는 데 필요한 노동시간이 기계로 대체되면서 줄었기 때문에 그만큼 상품의 가격도 하락하게 된다. 결국 사람의 노동력과 노동시간이 상품의 가치와 가격을 결정짓는 중요한 기준이 된다. 따라서 기업은 이윤을 극대화하기 위해서 사람들의 노동 강도를 높일 수밖에 없다.

한국은 근로자의 주당 노동시간이 많은 나라에 속한다. 경제협력개발기구(OECD)에 따르면 "한국은 주당 노동시간이 OECD국가 중 2위"라고 한다. 사람들의 삶의 질은 가족과 함께 여가를 즐기면서 누려야 삶의 질이 높아지는데 한국의 근로자들은 이럴 시간이 없다. 기업은 "기업이 근로자들의 노동력만 구매한 것이 아니라 그들의 삶과 인격도 돈과 교환했다."는 착각 속에서 주인행세를 한다. 인간은 하나님의 형상으로 빚어진 존재다. 따라서 인간의 존재가치는 그 자체로 존중받아야 한다. 하지만 자본주의의 교환가치를 통해 상품화된 인간의 인격은 그 존엄함을 보장받지 못한다.

상품화된 인간의 인격은 물건으로 전락한다. 소위 사람을 물건 취급하는 경향이 우리 사회에 팽배해 있다. 물건으로서의 인격은 자신을 성찰하거나 타인을 긍휼히 여기는 마음을 버린 지 오래다. 그런 것에는 관심도 없다. 오직 자신의 상품가치를 설명하거나 혹은 남들보다 기계를 잘 다룰 줄 아는 것을 자랑하기에 급급하다. 기업은 이런 상품화된 인격을 소비하고 마케팅하는 것에 집중하고, 자본주의적 지배 이데올로기를 내세워 상품화된 인간의 모든 것을 조정하고 통제한다. 그 결과 인간은 자신의 삶에서 가장 중요한 것들에 대한 믿음과 확신을 잃고, 치열한 경쟁 속에서 서로를 의심하고 적대시하는 현실로 내몰리고 있다.

상품의 교환가치가 중요시되는 사회는 또한 도덕적 상대주의가 편만해진다. 사람들은 공동체보다 개인적 삶을 유지하려고 하고, 더 이상 개인의 정보를 다른 이와 공유하려고 하지 않는다. 그 결과 인간은 점점 고립적이고 개인적인 상황에 갇히게 된다. 상품이 지배하는 사회는 '제국주의적 성향'을 가지고 있다. 인간을 물질로 유혹하고 제국의 식민으로 복속하며 자유를 속박한다. 사람들은 점점 물질적 기준으로 타자를 대하고 사람과 사람의 관계에서 도덕과 윤리가 물질 아래 무릎을 꿇는다. 하나님은 인간에게 선행적 은총에 따라 '자유의지'를 주셨다. 그러나 상품이 지배하는 제국주의적 사회는 그리스도인의 자유의지마저 위협한다. 그 결과 교회 안에서조차도 상품화된 인간의 가치만이 자랑거리가 되고 성공의 대상으로 치부된다.

교회 안에까지 침투한 교환가치의 기준은 자본주의적 개신교와 성공지향적 기복신앙, 물신숭배신앙에 대해서조차도 무감각하게 만든다. 돈의 노예가 된 사회는 모든 것이 획일적 구조로 변한다. 이 획일적 구조 안에서의 인간은 자본의 논리에 따라 통제되고 순종해야만 한다. 따라서 이 구조 안에 있는 인간은 존엄과 자유를 잃어 버렸다.

윤리학자 존 F. 캐버너는 이런 질문을 한다. "우리는 사람들을 인격체로 보는가? 아니면 상품으로 보는가? 사람들은 대체할 수 없는 존엄성을 지니는가? 아니면 금세 유행이 지나 버리는 소모품으로써 경쟁과 이데올로기, 이익을 위한 도구일 뿐인가?" 신자유주의 시장경제와 그에 부합하는 정치권력은 대다수의 국민을 상품으로 여긴다. 직장생활을 하는 사람과 실업자, 주부, 학생, 어린이, 노인 할 것 없이 사람들을 모두 상품화된 인격체로 여기면서 그들을 언제나 대체 가능한 존재로 전락시킨다. 필요에 따라서는 폭력을 자행하기도 하고, 상품의 가치가 떨어진다고 판단되면 생명을 위협하면서까지 제거하려고 한다. 왜냐하면 상품의 가치는 돈과 이윤추구를 목적으로 존재하기 때문에 이윤이 발생하지 않는 상품은 무가치하다고 판단하기 때문이다.

상품의 가치로 인간을 저울질 할 때, 인간은 사물과 등가물이 된다. 사람이 물건과 다를 바 없는 것으로 취급되고 이용된다. 돈과 인간이 교환되듯이 인간의 몸과 육체도 사물화 되고 매매된다. 인간의 봄은 하나의 상품이자 물건이다. 사람들은 자신을 치장하고 꾸미는 것으로 만족하지 못하고 돈의 유혹에 따라 자신의 육체를 돈과 교환한다. 인간은 성(sex)을 상품화하는 데 주저하지 않는다. 자신의 몸에 가격을 매기고 스스로 상품이 된다. 인간사이의 신뢰는 무너지고 상품화 된 인간과 상품을 사려는 인간들의 교환만이 존재한다. 성경에도 "사람이 돈에 의해 매매되는 것"을 말하고 있다. 아모스 2장 6절과 8장 6절에 보면 "돈을 받고 의인을 파는 이스라엘 백성을 하나님이 질책한다." 요한계시록 18장 13절에 보면 "가난한 사람의 영혼까지도 매매되고 있다." 가룟유다는 "예수님을 은 30에 팔아넘긴다."

상품의 교환가치는 참 가치가 아니다. 그것은 상품을 우상화하는 인간의 잘못된 가치추구의 욕망이다. 상품과 사물은 절대로 믿음의 대상이 아니다. 하지만 인간들은 상품이 하나의 인격체라도 된 듯 상품과 관계를 맺는다. 그리고 그것을 우상숭배 한다. 시내산에서 이스라엘 백성들이 철로 금송아지를 만들고 절하며 숭배했던 것처럼 자신이 만든 상품을 숭배한다. 인간의 존재가치는 상품의 교환가치로 대체될 수 없다. 그리스도인은 이런 상품화된 소비사회의 이데올로기를 깨달아야 한다. 독일의 철학자 게오르그 짐멜(Georg Sim-mel)은 그의 주저 "돈의 철학"에서 "물질에 대한 믿음이 신에 대한 믿음과 유사하다."라고 말한다. 자본주의의 결과로 정신문화와 물질문화가 결합된 것이다. 이렇듯 물질의 '신앙화'는 결국 유한한 인간의 그릇된 믿음에서 시작된다. 하지만 그리스도인들은 바르게 알아야 한다. "우리에게 믿음을 주신 분은 하나님이시다." 우리가 신앙의 대상으로 삼을 수 있는 분은 오로지 하나님 한 분이다. 인간은 하나님의 형상으로 창조된 참으로 귀한 존재이고, 세상에서 유일한 가치를 가진 존재다. 이러한 인간의 존엄이 물질로 대체될 수는 없다. 따라서 인간의 생명은 하나님의 절대적 주권 아래 있다. 상품이 지배하는 사회 속에서 인간의 존재가치를 훼손하는 주체는 바로 인간이다. 인간이 상품에 믿음을 부여하고 그것을 우상화, 신앙화 한다. 사람이 사람을 이용하여 이윤을 얻으려는 시도는 하나님의 나라의 법에 적합하지 않다.

그리스도인의 최고의 가치는 이스라엘 백성의 출애굽신앙과 같이 "하나님을 사랑하고 이웃을 사랑하는 것"이다. 그리스도인은 이웃 사랑을 위해 불법을 추방하고, 정의로운 삶을 살기 위해 노력해야 한다. 그것이 하나님이 우리를 창조하시고 우리를 삶의 자리에 보내신 이유다. 하지만 상품이 지배하는 사회 속에서 상품에 지배되지 않고 사는 것이 그리 쉽지만은 않다. 따라서 그리스도인은 돈에 믿음을 부여한 인간의 믿음이 얼마나 허망한 것인가를 깨닫고 그 길에서 돌아서야 한다. 그리고 난 후 돈을 선하게 사용하는 방법을 찾아야만 한다. 그렇게 하기 위해서는 돈의 실체를 파악하는 것이 무엇보다 중요하다.

그리스도인의 돈 사용법

사람들을 움직이게 하는 방법은 쉽다. "돈을 쓰면 다 된다." 니체(Nietzsche)는 "권력의 의지(Will to power)"를 말한다. 필자의 생각이지만 그 권력이란 "돈이 아닐까?" 생각한다. 사람들은 돈 때문에 살고 돈 때문에 죽는다. 그리스도인들도 마찬가지다. 교회가 돈때문에 분쟁이 일어나고, 돈 때문에 은혜가 임한다. 돈은 하나님이 주신 축복이다. 그러나 돈은 맘몬(Mammon)의 또 다른 이름이다. 성경은 "두 주인을 섬길 수 없다."라고 경고한다. 자크 엘룰(Jacques Ellul)이 말한 것처럼 "하나님이냐? 돈이냐?"의 문제다.

현대를 살아가는 그리스도인은 돈의 중요성을 간과할 수 없다. 문제는 일상생활 속에서 하나님과 돈을 동일 선상에 놓고 저울질 하는 그 자체가 불신앙임을 깨달아야 한다. 어떻게 창조주 하나님과 피조물인 물질을 놓고 선택할 수가 있는가? 이런 발상 자체가 불신앙이다. 돈은 하나님이 주신 것으로 알고 잘 사용하는 것이 그리스도인의 책무다.

미국의 달러에는 "우리는 하나님을 믿는다."라는 의미인 "IN GOD WE TRUST"라는 문구가 적혀 있다. 1864년 미국 동전에 처음으로 이 문구가 등장했고, 1956년 미국의 공식적인 나라 표어로 지정되었다. 이 문구는 1861년 남북전쟁 기간 중에 북부군이 남부군에 패하여 사기가 떨어지고 전투력을 잃자 한 목사님이 당시의 재무장관 체이스에게 북부 사람들의 사기를 진작하기 위해 "우리는 하나님을 믿는다."라는 글을 돈에 새겨 넣자고 제안한 것에서부터 시작됐다. 이 의미는 "하나님과 돈, 정신과 물질이 조화를 이루는 국가가 힘이 있는 국가가 될 수 있다."는 뜻이다. 물질의 뒷받침 없이는 정신의 순수성이 지켜질 수 없고, 정신이 빠진 물질은 타락의 수단이 되기 때문에 그렇다. 하나님이 주신 돈을 잘 사용하면 나라가 부강해질 수 있다는 미국의 발상이 참신하다. 하지만 작금의 시대에 미국은 정말 돈을 잘 사용하고 있는가? 묻지 않을 수 없다. 아무튼 어떻게 하면 그리스도인은 하나님이 주신 돈을 잘 사용할 수 있는가?

누가복음 16장 1~13절에 "불의한 청지기" 비유가 나온다. 주인의 재산을 자기 마음대로 처분하여 빚진 자들을 탕감한 청지기의 소행은 옳지 않다. 그러나 주인은 그 종을 오히려 칭찬한다. 그 이유는 재물을 사용하여 사람들의 환심을 산 행동이 지혜롭다고 생각했기 때문이다. 불의한 청지기가 돈을 이용하는 법은 불의했지만 결론적으로 탕감 받은 사람들에게 미래의 안식을 보장 받은 것이 '지혜롭다' 한 것이다. 돈을 이용하는 법을 청지기는 알았다. 누가복음 16장에서 예수님은 재물을 가리켜 "불의한 재물"이라고 말한다. 원어에 보면 "부패한 맘몬"이라고 적혀있다. 예수님은 돈이 하나님과의 관계를 단절시키는 속성이 있다는 것을 잘 아셨다. 괴테의 파우스트(Paust)에 보면 파우스트가 메피스토펠레스에게 영혼을 파는 장면이 나온다. 물질에 대한 과도한 욕망은 자신의 영혼을 저당 잡히는 결과를 불러온다. 따라서 재물에 대한 과도한 욕심은 화를 부르는 경우가 허다하다. 왜냐하면 재물과 돈 이면에 숨어있는 맘몬이 영적존재이기 때문이다(마6:24, 눅16:13).

비싼 종이에다 50,000원을 써 넣는다고 해서 그 종이가 오만원이 되는 것은 아니다. 그러나 모든 사람들이 "그 종이를 돈이다."라고 합의하고, 그것에 믿음을 부여하면 그 종이는 돈이 될 수 있다. 모두가 합의하고, 동의하고, 믿음을 부여하면, 어떤 것이든 간에 돈으로 가치화 될 수 있다. "일치된 합의와 부여된 믿음"은 가치를 만들어 낸다. 그리고 "일치된 합의와 부여된 믿음"은 사물을 우상화하기도 한다. "일치된 합의와 부여된 믿음"은 돈에게 힘을 부여한다. 돈의 크기를 정하는 것은 하나님의 몫이 아닌 인간의 몫이다. 돈은 종이

위에 써져 있는 숫자의 크기만큼이나 힘을 갖는다. 천 원보다는 오천 원, 오천 원보다는 만 원, 만 원보다는 오만 원 지폐가 더 능력이 있다. 돈은 그 힘으로 인간에게 권력을 선물한다.

인간의 "일치된 합의와 부여된 믿음"이 돈을 만들어 냈지만, 이제는 돈 스스로가 팽창하고 운동하며 도리어 교묘하게 인간을 지배하게 된다. 돈은 철저히 자신의 본 모습을 은폐하거나 엄폐하면서 인간에게 다가온다. 돈은 철저하게 인간에 대한 헤게모니(hegemony)를 쥐고 인간을 조종한다. 때로는 선한 모습으로, 때로는 악한 모습으로, 자신의 모습을 감추고 변형하며 인간의 삶에 침투하여 목적을 성취한다. 만약 사람들이 이러한 돈의 헤게모니를 분별하지 못하고, 그 실체를 파악하지 못하면 돈의 지배로부터 벗어날 수 없다. "돈은 맛있다." 돈을 맛본 인간은 쉽게 그 맛을 잊지 못한다. 왜냐하면 돈은 욕망이고, 잠재력(Puissance)이기 때문이다. 권력, 권세, 능력, 힘으로 표현할 수 있는 Puissance는 '역능'으로 번역한다. 이 역능은 "무엇인가를 욕망하는 잠재력"이다. 처음에는 사람이 돈을 이용하여 자신의 욕망을 성취하는 것 같지만, 나중에는 돈이 사람을 통해 자신의 욕망을 성취한다. 이때 인간은 돈의 욕망의 대상으로 전락하고 자신의 존재가치를 침해당한다. 이처럼 돈의 권세는 '욕망하는 잠재력'을 무기로 권력과 힘을 향해 끊임없이 성장한다.

그리스도인이 누구와 더 친밀한 관계를 가지느냐에 따라서 하나님의 종이 되기도 하고 돈의 노예가 되기도 한다. 하나님과 형상 동행하는 삶을 살면 하나님의 신실한 사람이 되지만, 하나님보다 돈을 더 사랑하면 돈의 지배를 따라 살게 된다. 그리스도인은 늘 말씀을 묵상하고 그 말씀을 따라 살며 하나님과의 관계의 폭을 넓혀야 한다. 반대로 늘 "돈! 돈! 돈!" 하며 살면 돈과의 관계에서 벗어날 수가 없다. 그 때문에 고민하고 다투고 낙담하게 된다. 돈은 영적존재기 때문에 그 자체로 권세가 있다. 사람이 잠시라도 하나님을 멀리하면, 돈이 그 틈을 타서 사람을 유혹하고 이내 사람에게 주인노릇을 한다.

예수님은 재물을 맘몬과 동일시한다. 그런데 예수님은 이 불의한 재물과 "친구 삼아라!"라고 권한다. 그 이유는 무엇일까? 그리스도인은 결코 세상 밖에서 홀로 경건하게 살아서는 안 된다. 세상 속에서 그들과 함께 호흡하며 세상의 빛과 소금의 역할을 담당해야 한다. "불의한 재물로 친구를 삼아라!"는 말씀은 바로 이런 맥락에서 이해할 수 있다. 그리스도인은 먼저 돈의 실체를 알아야 한다. 돈은 "누가? 어떻게? 누구를 위해? 어떤 목적으로 사용하느냐?"에 따라서 하나님 나라를 위한 선한 도구도 될 수 있고, 반면에 하나님 나라를 위협하는 맘몬의 실체도 될 수 있다. 그리스도인은 돈의 노예가 되면 안 된다. 하나님의 말씀에 따라 돈을 지혜롭게 사용할 수 있어야 한다. 예수님이 십자가에서 세상의 모든 사탄 마귀를 궤멸하셨기 때문에 그리스도인은 더 이상 사탄 마귀의 노예가 될 수 없다. 오히려 세상을 살아가는 그리스도인은 돈과 물질에 대해 자유와 승리함을 가지고 그 재물들을 선용할 수 있다.

어떻게 하면 그리스도인이 돈을 잘 사용할 수 있는가? 예수님의 사역의 촛점은 언제나 사람이다. 사람을 살리는 것이고 사람을 구원하는 것이다. 그렇기 때문에 그리스도인들이 돈을 이용하여 사람을 살리고 공동체를 이롭게 한다면, 그것은 예수님의 바람대로 된 것이다. 돈 때문에 가정과 교회, 하나님의 피조물인 그 어떤 공동체도 파괴되고 생명을 잃어서는 안 된다. 돈 때문에 하나님과 사람들, 사람과 사람 간의 관계가 단절된다면 그것은 돈을 오용하기 때문에 일어난 결과다.

돈은 정직하게 땀을 흘린 대가로 얻고, 사랑의 마음을 담아 정의롭게 사용해야 한다. 개인의 욕심에 따라 돈을 축적하기보다는 이웃을 위해 선하게 흘려보낼 수 있어야 한다. 나를 위해 사용한 '십 만원'의 가치는 나밖에 기억하지 못하지만, 남을 위해 사용한 '십 만원'의 가치는 나와 이웃 모두의 기억 속에 오랫동안 아름답게 남는다. 결국 선하게 사용한 돈은 돌고 돌아 공동체 모두의 생명을 살리는 결과를 가져온다. 그리스도인은 돈을 선하게 사용하고 돈이 순환할 수 있도록 잘 관리해야 한다. 돈은 벌기도 어렵지만 바르게 쓰는 것도 어렵다.

존 웨슬리(John Wesley)는 "돈의 사용"이라는 설교에서 세 가지의 규칙을 말했다. "첫째, 할 수 있는대로 많이 벌어라!(Gain all you can!) 둘째, 할 수 있는 대로 모두 저축하라!(Save all you can!) 셋째, 할 수 있는 대로 모두 주라!(Give all you can!)" 한마디로 "벌고, 저축하고, 주라"고 말한다. 그리스도인들은 할 수 있는 능력대로 정직하게 열심히 일해야 한다. 그리고 낭비하거나 사치하지 말고 가능한 한 많이 저축해야 한다. 그리고 모은 돈을 이웃을 위해 베풀 수 있어야 한다. 이것이 돈을 잘 사용하는 그리스도인의 삶의 자세다.

신앙과 경제의 관계

경제학을 전공하는 학생들이 대학에서 꼭 읽어야 하는 책 중에 '경제원론'이 있다. 그 책에서 가장 중요한 내용 중 하나는 "최소비용, 최대효과"다. 어떤 일을 할 때, 최소의 투자로 최대의 효과를 얻을 수 있다면 그만큼 이익을 보게 된다. 이것을 가리켜 효율성이라고 한다. 하지만 효율성을 잘못 강조하다 보면 건강한 경제활동이나 성숙한 삶을 기대할 수 없게 된다. 기업이 구조조정과 정리해고를 하는 이유도, 대기업이 부실기업들을 M&A를 통해 합병하는 이유도, 부도위기의 기업에 대해 정부가 공적자금을 투여하여 기업회생절차를 밟는 이유도 모두가 경제적 효율성이라는 기준으로 시행된다. "경제적 효율성"은 이윤의 극대화가 목적이다. 하지만 이윤을 극대화한 것을 취하는 이들은 다름 아닌 기업의 주주들과 국가, 그리고 은행들이다. 국민의 세금과 근로자들의 노동력을 통해 얻은 이윤을 소수의 권력자들이 사유화하고 그들의 재산을 증식하는 데에 사용하기 위해서 '효율성'을 강조한다. 자본주의 시장경제의 기본원리인 "최소비용, 최대효과"의 효율성은 자본의 사유화를 부추기는 또 다른 전략이다. 이것을 이해하지 못하고, 발 빠르게 대처하지 못하면, 시장의 효율성이라는 그물망에 피해를 보는 사람들이 많아질 것이다.

독일의 경제학자 칼 마르크스(Karl Marx)는 자본주의의 위대함에 대하여 극찬을 아끼지 않았다. 반면에 자본주의의 종말에 대해서도 경고했다. 그 이유는 토지의 사유화가 빈곤의 악순환을 가져올 것이라는 취지에서다. 그와 동시대의 인물로 성경적 경제 원리를 주창했던 미국의 경제학자 헨리 조지(Henry George)도 "진보와 빈곤"에서 사회가 눈부시게 진보함에도 불구하고 극심한 빈곤이 커지는 이유와 주기적으로 경제적 위기가 닥치는 이유를 지주들이 토지 사유화로 인한 이윤을 폭식하기 때문이라고 지적했다.

구약 성경은 하나님의 것을 사유화한 아간이 죽임을 당한 일에 대해 말하고 있다. 그것은 공동체의 물건을 개인석으로 취한 욕심 때문에 일어난 일이다. 어떻게 보면 인류의 역사는 "공적인 영역과 사적인 영역 간의 패권다툼의 역사"라고 할 수 있다. 권력을 가진 개인은 욕망에 따라 공적이고 공동체적인 것을 항상 탐해왔다. 성경에 보면 "땅의 주인은 하나님이다." 그러나 인간은 꾸준히 신의 영역을 침노하고 탐해왔다. 하나님이 주인인 땅을 자신들의 힘과 권력으로 자치하고 사유화하여 이윤증식의 수단으로 이용했다. 만약 땅에 대한 권력자들의 지배력이 없었다면, 사유재산의 증식은 불가능했을 것이다.

교회는 위와 같은 경제적 효율성의 문제와 경제적 판단이 필요한 삶의 정황들에 대해서 무지하거나 무관심했다. 특별히 하나님의 영역을 사유화하는 일들에 대해 지적하거나, 경고하거나, 강단에서 설교하는 일이 거의 이루어지지 않았다. 그 결과로 교회 안에서조차 하나님의 공적인 영역을 탐하는 행위를 방조하거나, 불법으로 이루어지는 경제적 활동에 대해 묵인하거나, 더 나아가 자랑까지 일삼는 처사를 부추기고 있다. 가령, 그리스도인들조차도 땅 투기로 얻은 이윤을 자랑하고, 그것을 하나님의 축복의 증거로 여긴다. 이것은 성경에서 말하는 땅의 소유와 올바른 경제적 삶에 대한 교육과 이해가 부족한 결과다.

따라서 현대를 사는 그리스도인은 성경적 경제 원리를 필수적으로 알아야 한다. 성경에서 말하는 땅의 소유권 문제, 가난한 자들을 위한 나눔의 문제, 헌금의 문제, 대부와 이자, 보증의 문제 등을 배우고 알아서 현대를 살아가는 그리스도인의 삶의 규칙과 대안을 찾아야 한다. 무분별한 경제활동은 오히려 자신과 가족, 공동체를 위협하는 결과를 초래할 수 있다. 따라서 신앙적 삶과 경제적 삶을 연관시켜 신앙적이고도 경제적인 그리스도인의 삶의 원칙을 세워야한다. 그 경제적 원칙이란 바로 "이웃을 위해 어떻게 나눌 수 있는가?"의 기준과 "어떻게 하면 검소한 삶을 살 수 있는가?"의 훈련을 통해 설정될 수 있다. 이러한 성경적 경제 준칙이 오늘날 그리스도인들에게 꼭 필요하다. 이를 필자는 "그리스도인의 경제신학"이라 부른다.

신자유주의 시장경제 시대를 사는 그리스도인은 바른 성경적 경제관으로 재무장해야 한다. 교회는 하나님 나라의 정의와 평화를 이루기 위해 무엇보다도 경제적 분배의 정의를 확립하고 이를 적극적으로 교육해야 한다. 하나님의 나라를 위한 소망은 어렵고 따분한 교리적 가르침만을 통해 가능한 것이 아니라 이 땅에서 사는 그리스도인의 경제적 삶의 모델을 제시하고 그 대안적 방법에 대해 대화하고 담론을 형성함으로써 가능한 일이다. 이를 위해 "그리스도인의 경제신학"이 더욱 실제적이고도 소망 있는 삶의 길을 제시할 수 있다.

모네타
Moneta

3장

나눔의 경제,
절제의 훈련

희년의 경제

경제(economy)라는 말의 어원은 그리스어 오이코노미아 (oikonomia)에서 유래한다. 집을 뜻하는 오이코스(oikos)와 법 또는 관리를 뜻하는 노모스(nomos)의 합성어인 오이코노미아는 "집을 관리하는 법"이라는 뜻이다. 인간이 거주하는 집은 '살림살이'를 위한 필수품들을 생산, 분배 및 소비하는 곳이다. 그래서 집이란 말은 "경제 또는 살림살이의 장(field)"이라고 말할 수 있다. 하나님의 경륜, 경제윤리는 쉼에 있다. 안식일, 안식년, 희년, 휴경년 등의 어휘를 통해서도 알 수 있듯이 창조의 하나님은 쉼을 통해 혼돈된 일상을 하나님이 창조한 원칙대로 재위치시키신다. 쉼을 통해 온 우주를 관리하시는 하나님의 경륜이 바로 하나님의 경제다.

한국사회는 피로가 만연된 사회다. 삶의 질이나 만족도가 다른 나라에 비해 낮은 편이다. 오로지 삶을 판단하는 기준은 경제적 가치, 소득의 수준에 따라 평가된다. 얼마 전 세계 여러 나라의 국민들이 생각하는 '중산층'의 개념에 대해 열거한 기사를 본 적이 있다. 경제협력개발기구는 소득이 중위소득의 50~150%인 가구를 중산층으로 분류한다. 이에 따르면 50% 미만은 빈곤층, 150% 이상은 상류층이다. 먼저 한국의 직장인 대상으로 중산층에 대한 설문조사를 했다. 그 결과 한국인은 "부채 없는 30평대 아파트에 살고, 월급 500만 원 이상이고, 자동차는 2000cc급 중형차를 소유하고, 통장 잔고는 1억 이상이고, 해외여행을 1년에 한 차례 이상 다니는 사람을 중산층"이라고 생각한다.

반면에 옥스포드대에서 제시한 영국의 중산층 기준은 "페어플레이를 할 것, 자신의 주장과 신념을 가질 것, 나만의 독선을 지니지 말것, 약자를 두둔하고 강자에 대응할 것, 불의, 불평, 불법에 의연히 대처할 것" 등에 속하면 중산층이다. 또한 퐁피두 대통령이 정한 프랑스의 중산층 기준은 "외국어를 하나 정도 구사하여 폭넓은 세계 경험을 갖출 것, 한 가지 분야 이상의 스포츠나 악기를 즐길 것, 남들과 다른 맛을 낼 수 있는 별미 하나 정도는 만들어 손님을 접대할 줄알 것, 사회 봉사단체에 참여하여 활동할 것, 남의 아이를 내 아이처럼 꾸짖을 수 있을 것" 등에 속하면 중산층이다. 미국 또한 공립학교에서 가르치는 중산층의 기준은 "자신의 주장에 떳떳하고, 사회적인 약자를 도와야 하며, 부정과 불법에 저항하는 것, 그 외에도 테이블위에 정기적으로 받아보는 비평지가 놓여있을 것" 등이다.

한국인이 생각하는 중산층과 영국, 프랑스, 미국인이 생각하는 중산층이 현격하게 다르다. 그 기준으로 볼 때, 한국은 경제적 수준으로 모든 것을 정하는 반면, 그 외 나라들은 경제적 가치보다는 도덕적이고 윤리적이고 자기만족의 가치를 그 잣대로 제시한다. 플라톤(Platon)은 '이상국가'를 건설하기 위해서 철인정치를 역설했다. 이것은 "철학이 있는 사람이 정치를 해야 한다."는 말이다. 철학이 있는 사람은 '여가'를 선용하는 사람이다. 여가라는 말은 '여유'라는 뜻을 가진 스콜레(schcole)에서 유래한다. 학파(schcola) 혹은 스쿨(school)도 이 어원을 따른다. 니체는 여유 있게 여가를 즐기면서 사색하고 담론을 형성하는 정치는 "사회와 국가, 문화의 피라미드적 관계를 회복하는 길"이라고 말한다. 사회와 국가, 문화가 경제적 자본에 종속되면 "권력에의 의지"가 퇴보하고 문화적 퇴폐와 허무주의가 난무하게 된다. 여유를 가지고 주위를 돌아보는 일은 기계처럼 일하는 한국 사람들에게는 배부른 소리다. 따라서 잘살고 못사는 기준이 소득에 달려 있는 것이 당연한 이치일지도 모른다. 한국인에게 휴식과 안식, 쉼은 필수가 아니라 선택이다. 결과적으로 한국인의 일에 대한 사고는 성경에서 말하는 희년의 개념과 거리가 멀다. 성경에서 말하는 희년의 노동관은 하나님 중심의 경제관이고 쉼의 경제관이기 때문이다.

존 칼빈(John Calvin)이나 막스 베버(Max Weber)가 말한 노동의 개념도 사실은 "소명으로서의 직업"을 역설한다. 하나님이 주신 일자리는 곧 그리스도인의 소명의 자리다. 따라서 열심히 일하는 것이 하나님의 뜻을 따라 사는 것이다. 하지만 여기서도 노동 후의 휴식을 간과하지 않는다. 그런데 사람들은 왜 이렇게 자신과 가정을 돌보지 못하면서 일에 몰두해야 하는가? 이제는 그 병폐의 해답을 찾을 때가 되었다. 그 대안으로 먼저 그리스도인은 하나님의 경제법칙인 희년의 경제에 대해서 알고 실천해야 한다.

성경은 이 세상의 모든 땅의 주인은 '하나님'이라고 선언한다. 시편 24편 1절에 보면 "영토의 주인은 야훼다."라고 말한다. 희년과 안식년은 땅의 주인을 명확히 하자는 취지에서 출발한다. "그리스도인들이 소유한 토지와 집은 누구의 소유인가?" 성경에서 말하는 땅의 소유주와 자본주의 시대를 살고 있는 사람들이 가지고 있는 땅과 집의 소유권 사이에는 먼 간극이 존재한다. 희년의 경제가 우리 삶에 적용되지 못하는 이유도 "이론과 실제"의 간극에서 비롯된다. 그리스도인의 과제는 이런 간극을 좁히는 것이다.

출애굽을 한 이스라엘은 가나안에 들어가서 문화적 충돌을 겪는다. 이른바 가나안의 법과 이스라엘의 법이다. 가나안 지역은 정착생활과 사적소유의 개념이 팽배한 곳이었다. 반면에 이스라엘은 유목민의 생활과 공적소유의 개념이 활발하였다. 처음에 가나안에 들어간 이스라엘 백성들은 본인들의 결의에 따라 검소하게 살았다. 그리고 영토와 토지를 분배하고 가난한 이웃들과 함께 살아가는 법을 제시했다. 토지를 개인의 소유로 여기지 않고 부족과 마을의 공동소유로 여겼다. 하지만 시간이 흘러 이스라엘의 삶의 방식은 가나안의 삶의 방식으로 흡수되었다. 목축생활이 정착생활로 변하고, 공동소유사상이 개인소유 및 사적소유 사상으로 바뀌었다. 성경에 아합 왕이 가나안 사람 이세벨과 결혼하면서 이스라엘 백성이 가지고 있는 경작지를 사유화했던 사건이 이를 반증해준다. 이렇듯 모든 불평등과 폭력의 원인은 하나님의 법과 사람의 법이 충돌하는 상황에서 발생한다. "땅을 공적소유로 볼 것이냐? 아니면 개인의 사적 소유로 볼 것이냐?"의 문제다.

안식년은 6년 동안 열심히 일하고, 그 다음 해를 안식의 해로 지킨다. 이 안식년이 7번 지나면 49년이 된다. 그 다음 50년을 맞이하는 해를 희년(Year of Jubilee)이라고 한다. 희년은 레위기 25장에 보면 "부가 소수의 사람들에게 집중되는 것을 막고 가난한 사람들과 함께 나누도록 하는 제도"다. 희년은 "사회를 구성하는 가장 기본인 가정이 물질적 빈곤에서 자유롭게 되어 가정이 파탄 나는 것을 막아주는 의미"다. 또한 희년은 "과도한 부동산 투기를 근절하여 땅을 기업으로 사는 농민을 보호하는 역할을 한다." 하지만 하나님의 이러한 희년선포에도 불구하고, 권력을 가진 자들의 토지소유가 엄청나게 불어났다. 구약의 선지자들은 이런 잘못된 점을 비판하고 하나님의 말씀을 전하는 역할을 담당했다.

아모스는 빚을 갚지 못한 사람을 종으로 파는 행위와 가난한 자들을 속여 물질과 땅을 차지하는 부자들을 신랄하게 비판한다. 아모스 8장 4~6절에 보면 "가난한 자를 삼키며 땅의 힘없는 자를 망하게 하려는 자들아 이 말을 들으라 너희가 이르기를 월삭이 언제 지나서 우리가 곡식을 팔며 안식일이 언제 지나서 우리가 밀을 내게 할꼬 에바를 작게 하고 세겔을 크게 하여 거짓 저울로 속이며 은으로 힘없는 자를 사며 신 한 켤레로 가난한 자를 사며 찌꺼기 밀을 팔자 하는도다"라고 말한다. 호세아는 가난으로 몰아넣는 부정한 거래를 비판하고 부는 결코 과오를 상쇄하지 못한다고 말한다. 호세아 12장 7~8절에 보면 "그는 상인이라 손에 거짓 저울을 가지고 속이기를 좋아하는도다 에브라임이 말하기를 나는 실로 부자라 내가 재물을 얻었는데 내가 수고한 모든 것 중에서 죄라 할 만한 불의를 내게서 찾아낼 자 없으리라 하거니와"라고 말한다.

미가는 유다의 부자들이 이스라엘의 경우처럼 왕실정책에 힘입어 약한 자들의 토지를 갈취하고 재판관들에게 뇌물을 먹이고 있는 상황을 지적하며 약한 자들이 법정에서 이용당하는 현실을 비판한다. 미가 2장 8~9절에 보면 "근래에 내 백성이 원수 같이 일어나서 전쟁을 피하여 평안히 지나가는 자들의 의복에서 겉옷을 벗기며 내 백성의 부녀들을 그들의 즐거운 집에서 쫓아내고 그들의 어린 자녀에게서 나의 영광을 영원히 빼앗는도다"라고 말한다. 이사야도 마찬가지로 부유한 압제자들에 대해서 신랄한 비난을 가한다. 이사야10장1~2절에 보면 "불의한 법령을 만들며 불의한 말을 기록하며 가난한 자를 불공평하게 판결하여 가난한 내 백성의 권리를 박탈하며 과부에게 토색하고 고아의 것을 약탈하는 자는 화 있을진저"라고 말한다. 그리고 예레미야서를 읽다보면 "사회적 불의와 왕의 부당한 정책에 반기를 들어 백성들에게 세금을 거두어 이집트에 조공으로 바치는 것과 강제 노역을 통하여 궁을 짓는 것, 가난한 자들의 토지와 소유를 갈취하는 것"을 비판하는 예레미야의 외침을 들을 수 있다.

땅은 하나님의 소유다. 욥의 고백처럼 "주신 자도 여호와시고 취하신 자도 여호와시다." 우리의 소유는 영원한 것이 못된다. 성경에는 땅뿐만 아니라 하나님의 절대 소유권에 대해 말한다. 시편 24편1절에 보면 "땅과 거기 충만한 것과 세계와 그 중에 거하는 자가 다 여호와의 것이로다." 라고 말씀한다. 또한 성경은 온 천하에 있는 것이 다 여호와의 것이라고 증언한다(욥41:11, 시50:12, 신26:10 출19:5). 이처럼 하나님이 온 우주 만물의 주인이시다. 그것을 인정하고 물질소유의 주권을 내려놓는 자세가 그리스도인들에게 필요하다. 하나님이 50년마다 희년을 통해 토지의 재분배를 명령하셨던 이유도 "토지의 절대 소유권이 여호와께 있다는 것"을 전하기 위함이다.

레위기 25장 23절에 보면 "토지를 영영히 팔지 말 것은 토지는 다 내 것임이라 너희는 거류민이요 동거하는 자로서 나와 함께 있느니라"라고 말한다. 문제는 사람들이 이런 하나님의 뜻인 희년의 경제를 '모른 척'하는 데 있다. 그리스도인이 하나님의 뜻을 잊어버리고, 많은 땅을 소유하게 되면 자신도 모르게 하나님의 소유권을 부정하고 잊어버리게 된다. 그리고 하나님보다 자신의 땅과 집을 의지하게 되고 결국 물질의 노예가 된다.

하나님은 휴경년을 통해 땅의 쉼도 말한다. 출애굽기 23장 10~11절에 보면 "너는 여섯 해 동안은 너의 땅에 파종하여 그 소산을 거두고 일곱째 해에는 갈지 말고 묵혀두어서 네 백성의 가난한 자들이 먹게 하라 그 남은 것은 들짐승이 먹으리라 네 포도원과 감람원도 그리할지니라"라고 말한다. 휴경년은 땅을 경작하지 않고 일정시간이 되면 묵히는 제도다. 땅도 휴식이 필요하다. 만약 계속해서 땅을 굴리면 언젠가는 사막처럼 소산을 내지 못하는 땅으로 죽을 것이다. 땅도 소출을 위해서는 일정기간을 쉬어야 한다.

자본주의 시장경제의 그늘 아래서 숨 쉬고 있는 피조물에게는 휴식과 안식이 필요하다. 근면하고 성실하고 생산성을 높이기 위해서라도 더없이 중요한 것이 잘 쉬는 것이다. 하지만 자본의 욕망은 그리 쉽게 피조물의 쉼을 허락하지 않는다. 이렇게 쉼을 방해하는 문제의 핵심은 땅을 소유하려는 인간의 욕심에서 비롯된다. 혹자는 "모든 경제적 정치적 문제의 배후에는 땅을 소유하려는 욕심이 있다."라고 말한다.

현대에도 사람들과 자연의 쉼을 방해하는 자본주의 시장경제의 무한팽창, 무한증식의 행태가 여전히 계속되고 있다. 세계의 토지 중 100헥타르(30만 평) 이상을 소유한 전 세계의 2.5%의 토지 소유자들이 세계 토지의 75%를 소유하고 있다. 그들은 땅을 식민지화 하고 그들의 지배력을 강화한다. 땅의 소유는 그들이 가지고 있는 막강한 무기다. 이를 통해 땅 없고 집 없는 대다수의 사람들이 헐벗고 굶주리고 있다.

따라서 의식 있는 그리스도인들은 이러한 권력의 실체를 인식하고 하나님의 말씀에 귀를 기울여야 한다. 어떻게 하면 희년의 경제를 우리의 삶에 적용할 수 있을까를 고민해야 한다. 희년의 경제를 통해 그리스도인은 첫째, 쉼을 장려하는 삶의 자세를 가져야 한다. 과도한 노동은 있지만 생산성 없는 일에 눈치를 보며 사는 것이 아니라 개인과 가정과 교회와 직장과 국가를 위해 생각하고 참여하고 즐기는 여유를 향유해야 한다. 그리스도인들은 빠르고 신속하게 시대의 흐름에 맞게 사는 것이 필요하다. 때로는 느리지만 정확하게 이웃을 돌아보며 사는 것이 더 필요하다. 권력자로서 여유를 주는 사람이 되는 것도 필요하고 피권력자로서 쉼을 정낭하게 인식하는 자세도 필요하다. 쉼은 하나님이 주신 권리이기 때문이다.

희년의 경제를 통해 그리스도인은 둘째, 땅에 대한 인식의 전환을 가져야 한다. 토지와 집을 소유했다고 하여 이 세상이 낙원이 될 수는 없다. 그리스도인들에게 영원한 안식처는 하나님의 나라다. 땅과 집을 향한 너무도 많은 집착은 미래에 대한 불안과 불만의 표시다. 훈련되지 않은 인간에게 적당한 소유의 기준이 있을지 의문스럽지만 적당히 소유하는 법을 배우는 것은 영적 건강에 유익을 준다. 반면에 소유에 대한 과도한 집착은 병적인 현상을 초래하고 죄의 사슬에 빠지기 쉽다. 적당한 소유를 위해서는 기부와 헌금, 세금의 납부를 통해 나눔의 훈련을 체득할 수 있다.

그리고 땅과 집을 소유한 그리스도인이 희년의 경제를 통해 가져야할 자세는 셋째, 적정수준의 지대(rent)를 부과하는 것이다. 지대는 "토지에 투하된 인간노동의 결과로서의 생산물 또는 가치의 일정분이 토지소유자에게 지급되는 것"을 말한다. 따라서 지대를 통해 얻은 이윤은 임대인의 노동의 결과로 받는 것이니만큼, 임대인의 상황과 경제적 여건을 고려하는 것도 임차인으로서 가져야 하는 그리스도인의 책무다. 그럼에도 불구하고 전세나 월세를 통해 임대인에게 과중한 지대를 요구한다면 희년의 가치를 모르는 그리스도인이라 할 수 있다. 아무리 시장의 흐름과 세속적인 시세를 따를 수밖에 없다는 명분을 삼더라도, 과도한 지대를 요구하는 것은 임차인의 가정과 삶을 고려하지 못한 행동이다. 하나님의 희년의 정신은 세상의 그 것과는 다른 가치를 가진다.

희년의 경제를 통해 가져야할 자세는 넷째, 땅과 집을 소유한 그리스도인들이 그 재물에 맞는 조세를 정직하게 납부하는 것이다. 희년은 50년이 되는 해에 빚진 자들을 탕감해 주고 취한 토지는 원 주인 혹은 공동체에 돌려주어야 한다. 만약 현대사회에서 이 희년의 정신을 적용한다면, 어떤 그리스도인이 따를 수 있을까? 혜택을 받는 사람들은 좋겠지만 탕감해 주어야 하는 사람들은 그 소유를 포기하지 못할 것이다. 이러한 문제는 조세제도를 통해 현대사회에 적용할 수 있다. 물론 국가가 그 조세를 국민들을 위해 정의롭게 분배한다는 전제가 성립되어야 한다.

조세는 국민의 기본 의무다. 개인이 가진 만큼의 재산에 대해 세금을 내는 것은 희년의 정신과 맥을 같이한다. 이를 통해 사회는 공정한 분배의 시작을 알릴 수 있다. 2013년 코트라(kotra) 국가정보에 따르면 "독일은 개인의 소득세를 최소 14%에서 시작하여 5등급별로 최고 많이 내는 소득세는 45%까지 세금을 낸다. 또한 부동산의 조세비율은 지역마다 다르지만 최소 4.5%~최대 6.5%의 조세를 내는 지역도 있다.”고 한다. 실제로 독일은 미혼 직장인의 경우 개인 소득에서 근로소득세 18%, 의료보험료 8%, 노령연금 10%, 국민연금 9.5%, 실업연금보험 1.5%, 독일통일 발전추가세금 1%를 더하면 약 48%를 세금으로 낸다. 만약 배우자공제나 부모부양공제, 자녀양육공제 중에서 아무것도 혜택을 못 받으면 거의 월급에서 50%를 세금으로 납부한다. 이러한 이유로 국민의 세금으로 만들어진 공공재를 이용하는 것과 사회 보장제도의 혜택을 받는 것은 국민의 기본 권리가 된다. 공정한 분배를 이루기 위한 조세는 사회전반에 걸쳐 균형 잡힌 성장을 할 수 있게 하고, 소득의 불균형을 해소한다. 따라서 올바른 그리스도인이라면 국가에 대한 의무인 납세에 대해 사회적 공생의 시각을 가져야 한다.

희년의 경제를 통해 가져야할 자세는 다섯째, 기부와 헌금을 통해 자신의 부의 일정량을 이웃을 위해 나누는 자세다. 나눔은 개인의 소유를 하나님께로 돌리는 최선의 방법이다. 나눔을 통해 사회적 자본이 확충되면 그것으로 부의 재분배가 이루어질 수 있다. 기부(Donation)는 자신의 재산의 일부분을 사회에 위탁하거나 공공재로 환원하는 것이다. 2014년 조사에 따르면 여전히 세계최고 부자는 빌 게이츠(Bill Gates)다. 그는 760억 달러를 소유하고 있다. 하지만 세계에서 가장 많은 기부를 하는 사람도 바로 빌 게이츠다. 그는 앞으로도 자신의 재산 중 "50% 이상을 사회에 기부하겠다."고 말했다. 또한 4위를 차지한 워런 버핏(Warren Buffett)도 자신이 죽으면 360억 달러를 기부해서 재단을 세우기로 약속했다. 이러한 기부는 사회전반에 걸쳐 생명을 살리는 운동으로 나타난다. 최근에는 한국사회에서도 기부문화가 많이 일어나고 있지만 세계적 수준에는 아직 미치지 못하는 수준이다.

한국개신교회가 만약 이러한 기부문화를 선도하는 교량역할을 감당한다면 그것은 희년의 정신을 계승하는 올바른 모범이 될 것이다. 이러한 맥락에서 교회는 구제를 위한 헌금을 더욱 강화해야 한다. 교회의 헌금은 교회 만을 위한 것이 아닌 지역사회와 이웃을 향한 구제의 손길로 변해야 한다. 물론 많은 교회에서 구제를 위해 헌금을 사용한다. 하지만 가능하다면 좀 더 구체적인 구제의 방법을 모색하여 하나님이 주신 소유를 하나님께로 돌려드리는 법을 배워야 한다. 다음 장에 나오는 "가난한 자들을 위한 십일조"에 대한 내용 등이 그 예가 될 수 있다.

마지막으로 희년의 경제를 통해 가져야할 자세는 토지공개념제도다. 에른스트 슈마허(Ernst Schmacher)는 "토지 투기를 중단시키기 위해서 할 일은 오로지 어떤 토지 소유자도 그 토지의 '등록된 가치' 이상을 가질 수 없다는 규칙을 확정하는 것이다."라고 말한다. 토지의 가격이 일정한 가치 혹은 가격을 갖고 있으면, 토지의 소유자도, 차후의 어떤 구매자도, 토지 소유를 통해서 횡재할 기회를 얻지 못한다. 만약 토지매매를 통해 일정량 이상의 수익이 발생하면 그 이익 모두는 자동적으로 지방 당국의 토지발전기금으로 사용한다. 이런 노력의 결과로 토지는 사적인 영역에서 공적인 영역으로 변화될 수 있고 그 이익이 나눔의 영역으로 옮겨갈 수 있다. 그 결과 토지를 통하여 소외된 자들이 일할 터전을 가질 수 있으며, 지속가능한 농업을 장려할 수도 있다.

토지공개념제도를 시행할 경우 토지소유자들의 이윤은 자본주의 시장의 경제원칙에 따라 얻을 수는 없다. 하지만 희년을 알고 배운 그리스도인은 토지에 대한 소유권이 하나님께 있음을 알아야 한다. 토지를 통해 얻은 이윤은 국가가 정한 적정한 수준이면 된다. 그 이상의 이윤을 얻기 위해 노력하기보다는 그 이윤을 통해 이웃을 살리는 길에 선용하는 자세가 더욱 필요하다.

그리스도인들은 토지의 매매를 통해 억울한 사람들이나 약자들이 피해를 보는 일들을 감행해서는 안 된다. 또한 교회는 교회건물을 짓거나 확장하는 사업에서 지역주민과의 갈등을 최소화해야 한다. 만약 하나님의 법이 아닌 세상의 법과 규준들로만 건축과 땅 매입을 추진한다면, 그로 인해 피해를 본 사람들이 결코 교회를 긍정적인 시선으로 보지 않을 것이며, 평생 교회로 돌아오는 길을 잃어버릴지도 모른다. 때문에 세상적인 기준보다 하나님의 경제적 기준으로 그들과의 대화를 이끌어야 한다.

희년의 경제는 나눔의 경제다. 자본의 욕망과 폭력에 맞서서 그리스도인은 새롭게 무장해야 한다. 그 무기는 성경이다. 성경에서 말하는 법칙을 준행하고 따르는 길이 작금의 험난한 세태를 극복하는 방법이다. 무엇이든지 상품화시키는 자본의 위력을 누그러뜨릴 수 있는 방법은 희년을 통해서 경제적 준칙을 세우고 하나님께 속한 것들을 하나님께 돌리는 방법을 찾는 것이다. 희년의 경제를 통해 쉼과 여유를 가지고 가정과 사회가 회복되는 것을 기대해본다. 또한 기부와 헌금을 통한 나눔의 구제활동이 죽어가는 개인과 공동체를 살리는 것을 기대해본다. 희년의 경제는 하나님이 우리에게 허락하신 기회이자 희망이다. 나눔의 정신과 나눔의 삶으로 이웃과 함께 더불어 사는 세상을 이루는 것이 그리스도인의 책임적 소명이다.

가난한 사람을 위한 십일조

돈은 라틴어로 모네타(Moneta)다. 모네타는 로마 신화에 나오는 경고의 여신으로 사람들에게 위험을 알려주고 필요한 순간에 적절한 충고를 해준다. 모네타는 화폐와 국가 재정을 수호하는 신성한 존재였으며, '화폐를 만들다.'라는 뜻의 모네토(moneto)에서 나왔다는 해석도 있다. 실제로 모네타 신전에는 화폐를 만드는 조폐소가 있었다. 초기 기독교 시대의 수도사들은 사원에서 하나님께 제사를 드릴 때에 짐승을 바치는 것보다 더 정성스러운 방법으로 금으로 만든 돈을 드리는 것을 선택했다. 그 전승에 따라 현대교회도 하나님께 예물로 곡식이나 짐승을 드리지 않고 돈으로 자신의 정성을 표시한다.

그리스도인들의 신앙생활 중에 내적인 감사의 마음을 잘 표현할 수 있는 방법은 단연코 헌금(Collection)이다. 헌금은 드리는 자의 마음이 중요하다. 고린도후서 9장 7절에 보면 "각각 그 마음에 정한 대로 할 것이요 인색함으로나 억지로 하지 말지니 하나님은 즐겨 내는 자를 사랑하시느니라"라고 했다. 따라서 헌금은 봉헌하는 자의 자원하는 마음과 기쁨이 가장 중요하다. 또한 하나님은 즐겨 내는 자를 사랑하신다. 십분의 일이 아니라 십의 이조 혹은 삼조도 할 수 있어야 한다. 성경에 보면 마게도냐 교회의 성도들은 "힘대로 할 뿐 아니라 힘에 지나도록 자원하여 은혜와 성도 섬기는 일에 참여"했다고 말한다. 그들은 가난한 가운데도 자발적으로 넘치도록 헌금을 했다. 헌금은 은혜 받은 성도들의 신앙의 표시인 것이다. 고린도후서 8장

1~5절에 보면 "형제들아 하나님께서 마게도냐 교회들에게 주신 은혜를 우리가 너희에게 알리노니 환난의 많은 시련 가운데서 그들의 넘치는 기쁨과 극심한 가난이 그들의 풍성한 연보를 넘치도록 하게 하였느니라 내가 증언하노니 그들이 힘대로 할 뿐 아니라 힘에 지나도록 자원하여 이 은혜와 성도 섬기는 일에 참여함에 대하여 우리에게 간절히 구하니 우리가 바라던 것뿐 아니라 그들이 먼저 자신을 주께 드리고 또 하나님의 뜻을 따라 우리에게 주었도다"라고 말한다.

성경에 보면 가난한 자들을 위한 십일조가 언급된다. 십일조는 신앙인의 표상이고 구체적인 믿음의 실천이다. 그렇기 때문에 십일조에 대한 바른 인식은 신자유주의 시장경제 안에서 고통 받는 이웃을 돌아볼 수 있는 대안을 제시해 준다. 십일조의 용도는 다음과 같다. 첫째, 여호와를 위한 성물로서의 십일조다(레27:30, 32). 둘째, 레위인을 위한 십일조다(민18:21~32). 여기서 레위인은 다시 제사장들을 위해 십일조를 드린다(민18:26~28). 셋째, 가족과 공동체의 축제를 위한 십일조다(신12:5~7). 넷째, 매 3년마다 특별히 사회적 약자들을 위해 드리는 일종의 구제용 십일조다(신14:28~29). 이 십일조는 외국인, 고아, 과부와 같은 가난한 자들을 위한 십일조다. 신명기 14장 28~29절에 보면 "매 삼 년 끝에 그 해 소산의 십분의 일을 다 내어 네 성읍에 저축하여 너희 중에 분깃이나 기업이 없는 레위인과 네 성 중에 거류하는 객과 및 고아와 과부들이 와서 먹고 배부르게 하라 그리하면 네 하나님 여호와께서 네 손으로 하는 범사에 네게 복을 주시리라"라고 말한다.

로날드 사이더(Ronald Sider)는 가난한 사람들과의 나눔을 "누진 십일조"를 통해 실현하고 있다. 예를 들면, 그리스도인은 자신의 일 년 수입을 계산한다. 그리고 수입의 10%를 십일조로 드린다. 그리고 매년 수입이 증가하거나 자신이 계산해 보았을 때 한 달의 총 지출비용에서 여유자금이 생긴다면, 자신이 드리는 10%에 누진율을 적용해 십일조를 드리는 방식이다. 늘어난 수입이 100만원이든 50만원이든 약 5%의 비율을 적용한다. 십일조에 누진율을 적용할 때는 가족들과 상의하고 십일조에 대한 기본적인 이해를 공유한다. 그렇다고 십일조를 꼭 십분의 일만 해야 하는 것은 아니다. 십일조는 감사하는 마음과 하나님을 사랑하는 마음으로 드리는 헌금이다. 가난한 자들이 꼭 십일조를 지키지 못한다고 책망해서는 안 된다. 십일조에 미치지 못한 적은 돈이라도 정성껏 드리면 된다. 반대로 고소득의 그리스도인들이 자신의 십일조에서 1%의 누진율만 적용해도 다른 사람의 십일조보다 훨씬 많을 수 있다. 따라서 꼭 문자적으로 십일조를 지킬 필요는 없다. 형편이 되는 대로 즐거운 마음으로 더 드리는 자세가 중요하다.

말라기 3장 10절에 보면 "만군의 여호와가 이르노라 너희의 온전한 십일조를 창고에 들여 나의 집에 양식이 있게 하고 그것으로 나를 시험하여 내가 하늘 문을 열고 너희에게 복을 쌓을 곳이 없도록 붓지 아니하나 보라"라고 말한다. 선지자 말라기는 십일조의 의무를 이행하지 않는 이스라엘을 책망한다. 그리스도인이 십일조를 내지 않는 것은 하나님의 것을 도둑질하는 행위다.

하나님의 나라와 가난한 이웃을 위해서가 아니라 자신의 물질에 대한 욕심과 미래에 대한 투자로 헌금을 드리는 것은 매우 위험한 생각이다. 성경은 십일조를 위선과 외식으로 삼는 이들에 대해 경고한다. 누가복음 18장 12절에 보면 "바리새인은 서서 따로 기도하여 이르되 하나님이여 나는 다른 사람들 곧 토색, 불의, 간음을 하는 자들과 같지 아니하고 이 세리와도 같지 아니함을 감사하나이다 나는 이레에 두 번씩 금식하고 또 소득의 십일조를 드리나이다 하고"라고 말한다.

십일조는 구원과 관련된 문제는 아니다. 십일조를 드린다고 해서 구원받는 것은 아니며, 십분의 일에 못 미치게 드렸다고 해서 구원받지 못하는 것도 아니다. 그러나 십일조를 통해 하나님께 감사하는 마음을 전하는 것은 거듭난 신앙인의 객관적 준거가 된다. 십일조는 근본적으로 숫자에 얽매여서는 안 된다. 적게 번 사람은 적게 낼 수도 있고 많이 번 사람은 많이 낼 수도 있다. 현실은 오히려 반대의 경우가 많다. 성경은 "부자가 천국 가는 것은 낙타가 바늘귀로 들어가는 것보다 어렵다."라고 말한다. 이유는 돈을 많이 소유하면 그만큼 욕심도 커지기 때문이다. 하지만 가난한 사람들은 가난을 몸소 느끼고 알기 때문에 가난한 자들을 돕는 데 주저하지 않는다. 과부가 드린 "두 렙 돈"은 자신의 전 재산을 드린 것이며 생명을 드린 행위다. 이것은 돈 있는 사람들이 정성 없이 형식적으로 드린 헌금보다 더 큰 가치를 가진다. 왜냐하면 적은 물질이지만 자신의 생명과도 같은 돈을 드렸기 때문이다. 평생 폐휴지를 팔아서 모은 돈 1000만 원을 학교에 기부한 80세가 넘은 할머니의 기부와 기업의 사장이 기부한 1000만 원의 가치가 결코 동일하지 않다는 것을 우리는 잘 알고 있다.

십일조는 또한 본인이 속한 교회에 내는 것이 맞다. 이것은 교회의 일원으로서 적법한 권리를 행사하고 의무를 이행하겠다는 서약과도 같다. 다른 교회나 선교단체에 하려면 십일조를 제외하고 다른 명목의 헌금으로 하여야 한다. 간혹 직장인들은 십일조를 준비하면서 갈등을 한다. "세금을 포함해서 십일조를 계산해야 하는가? 아니면 세금이나 보너스를 빼고 십일조를 내야 하는가?" 이 문제도 결국에는 십일조의 숫자에 갇힌 결과다. 십일조는 마음에 정한 대로 인색함으로나 억지로 하지 말아야 한다고 배웠다. 만약 세전이 편하면 세전으로 십일조를 내고, 세후가 편하면 세후로 포함해서 내는 것이 맞다. 만약 십일조를 드리면서 마음의 갈등이 계속된다면 하나님께 기도하고 마음에 전해지는 대로 하는 것이 좋다.

결과적으로 나눔의 경제는 "가난한 자들을 위한 십일조"와 같이 약한 자들을 위해 드리는 봉헌으로 실천할 수 있다. 가령 예를 들자면, 교회학교의 달란트 시장에서 달란트를 많이 가진 학생들이 십일조를 통해 달란트가 없는 친구들과 나눌 수 있도록 인도하는 것이다. 달란트 시장을 열기 전에 십일조의 취지를 설명하고 자발적으로 자신의 달란트를 헌금할 수 있게 인도하면, 상대적으로 달란트가 없는 친구들이 도움을 받을 수 있게 된다. 그럴 때에 교회의 달란트 시장은 자본의 논리에 따른 모습이 아닌 기독교적인 나눔의 경제가 실현될 수 있다. 교회의 바자회도 마찬가지다. 기관의 재정을 충당하기 위한 바자회가 아니라 교회의 어려운 이웃들을 위한 바자회가 되어야 한다. 성도들을 위한 달란트도 제작하여 사용할 수 있다. 일정기간 교회에 봉사한 정도에 따라 달란트를 지급할 수 있도록 준비해서, 어려운 이웃들에게 필요한 물품을 달란트로 구입할 수 있도록 바자회를 여는 것이다. 이 바자회에서는 아나바다(아껴 쓰고, 나눠 쓰고, 바꿔 쓰고, 다시 쓰는)운동처럼 물건과 물건을 혹은 물건과 달란트를 통용할 수 있는 시장으로 운영한다. 또한 성도들 각자가 필요한 물품들을 쉐어링(sharing)할 수 있도록 준비하는 것도 필요하다. 이렇듯 가난한 자들을 위한 십일조는 나눔의 경제를 위해 꼭 필요한 실천적 원리를 제공한다. 이러한 원리를 가지고 교회가 어떻게 하면 이웃과 나눌 수 있는지 더 고민하고 결단해야 한다.

무이자 대부를 통한 나눔

한국은 대부업의 천국이다. 러시앤캐시나 산와머니 같은 대부업체들은 일본에서 건너온 일본의 자금들이다. 한국 대부업의 약 70%를 일본 업체가 장악하고 있다. 일본의 대부업체가 한국에서 활동하는 이유는 같은 돈을 빌려주어도 일본은 20% 이자가 상한선인데 반해 한국은 44%까지 이자를 받을 수 있기 때문이다. 마찬가지로 한국의 대부업체들도 다른 나라에 비하면 터무니없이 높은 44%의 이자를 취하고 있다. 만약 돈을 빌려 쓰고 갚지 못하는 상황이 벌어지면, 그 사람뿐만 아니라 그 가족까지도 어려움을 겪게 되는 상황으로 내몰린다. 땅과 집이 없거나 담보물이 없는 그리스도인들도 돈이 필요하면 이런 대부업체를 이용한다. 하지만 십중팔구 과도한 이자 때문에 고통을 겪게 된다. 성경은 이자와 대부에 대해서 어떻게 말하고 있을까?

놀랍게도 성경이 대부에 대해 언급하고 있다. 돈을 빌려주는 생활방식은 성경이 기록된 시대에도 일반적으로 통용된 제도다. 하지만 성경의 대부는 오늘날의 대부와 같은 이자를 받지 않는다. 성경의 대부는 '무이자 대부'다. 대부금에 대한 이자문제는 예나 지금이나 사회적으로 심각하다. 가난한 사람들이 높은 이자로 돈을 빌려 갚지 못하는 문제 때문에, 가정이 파괴되고 자살의 위험까지 대두된다. 성경은 이러한 문제를 간과할 리가 없다. 성경에서 말하는 '무이자 대부'는 이자를 받지 않고 돈을 빌려주는 제도다. 이 제도는 가난을 척결하기 위한 목적으로 존재한다.

랍비 라쉬(Rashi)는 "이자는 뱀에게 물어뜯기는 것과 같다. 사람이 뱀에게 발을 물려 작은 상처가 나도 처음에는 느끼지 못한다. 하지만 상처는 금방 부풀어 오르고 마침내는 머리 꼭대기까지 온몸을 붓게 만든다."라고 설명한다. 성경은 이자의 피해가 고스란히 약자에게 부과되는 것을 경고한다. 출애굽기 22장 25절에 보면 "네가 만일 너와 함께 한 백성 중에서 가난한 자에게 돈을 꾸어 주면 너는 그에게 채권자 같이 하지 말며 이자를 받지 말 것이며"라고 말한다.

성경에는 이자를 받지 말라고 말하는 본문이 여럿 나온다(레 25:35~38, 신23:19~20). 이들 본문을 보면 돈을 빌리는 대상이

"가난하여 위급한 상황에 처해 있을 때" 돈을 빌려주라고 말한다. 개인의 사업을 위해서 혹은 개인적 사치를 위해서 돈을 빌리는 것에 대해서는 금한다. 이처럼 성경의 대부는 '자선의 성격'을 가지고 있다. 가난한 자들을 보호하고 어려움에 처한 백성을 예방하기 위한 법이다. 현대에 시행되고 있는 대부와는 확연한 차이를 보인다. 예수 당시 로마는 그들의 권력을 이용하여 가난한 사람들의 농작물이나 돈을 착취하는 수단으로 이자를 물기 시작했다. 그러나 성경은 "이자를 받거나 이자를 받기 위한 수단으로 돈을 대부해 주는 것은 모두 죄가 된다."라고 말한다.

누가복음 6장 34~35절에 보면 "너희가 받기를 바라고 사람들에게 꾸어 주면 칭찬 받을 것이 무엇이냐 죄인들도 그만큼 받고자 하여 죄인에게 꾸어 주느니라 오직 너희는 원수를 사랑하고 선대하며 아무 것도 바라지 말고 꾸어 주라 그리하면 너희 상이 클 것이요 또 지극히 높으신 이의 아들이 되리니 그는 은혜를 모르는 자와 악한 자에게도 인자하시니라"라고 말한다. 그리고 출애굽기 22장 26~27절에 보면 "만일 너희가 이웃에게서 겉옷을 담보로 잡거든 해가 지기 전에 반드시 돌려주어야 한다."라고 말한다. 가난한 자들의 기본적인 필수품을 보호함으로써 가난한 이들에 대한 억압을 차단하는 것이다. 대부로 인해 사람들이 종살이와 빚으로 삶을 파탄에 이르게 하는 것은 하나님의 뜻이 아니다.

성경은 또한 남을 위해 보증(assurance)을 서는 것에 대해서도 경계의 말을 하고 있다. 보증은 사람과 사람의 신뢰를 바탕으로 한다. 하지만 사람의 신뢰는 그리 깊지 못하다. 잠언 6장 1~5절에 보면 "보증이 선한 많은 사람들을 파멸시키고 회복할 수 없는 상처를 입힌다."라고 말한다. 또 잠언 20장 16절에는 "남의 보증을 선 사람은 자기 옷을 잡혀야 하고 모르는 사람의 보증을 선 사람은 자기의 몸을 잡혀야 한다."라고 경고한다. 마틴 루터(Martin Luther)는 그의 책 "교역과 고리대금업"에서 보증을 다음과 같이 정의한다. "인간이 보증을 선다는 것은 너무나 건방진 일이다. 그것은 하나님의 일에 대한 건방진 침해다." 성경은 그리스도인의 신뢰를 오직 하나님께 둘 것을 명한다. 보증은 인간에게 신뢰를 두며, 불확실한 기초에다 생명과 재산을 맡기는 것이기 때문에 하나님을 기만하는 행동이다. 그리고 보증은 자신을 신뢰하는 것이며, 자신을 신(god)으로 삼는 일이다. 결과적으로 결코 한순간도 자신의 생명과 재산을 보증할 수 없으면서도 보증을 서는 것은 그리스도인의 행동이 아님을 명심해야 한다.

누가복음 12장 16~21절에 보면 어리석은 부자가 나온다. "또 비유로 그들에게 말하여 이르시되 한 부자가 그 밭에 소출이 풍성하매 심중에 생각하여 이르되 내가 곡식 쌓아 둘 곳이 없으니 어찌할까 하고 또 이르되 내가 이렇게 하리라 내 곳간을 헐고 더 크게 짓고 내 모든 곡식과 물건을 거기 쌓아 두리라 또 내가 내 영혼에게 이르되 영혼아 여러 해 쓸 물건을 많이 쌓아 두었으니 평안히 쉬고 먹고 마시고 즐거워하자 하리라 하되 하나님은 이르시되 어리석은 자여 오늘밤에 네 영혼을 도로 찾으리니 그러면 네 준비한 것이 누구의 것이 되겠느냐 하셨으니 자기를 위하여 재물을 쌓아 두고 하나님께 대하여 부요하지 못한 자가 이와 같으니라"

돈을 많이 벌었다고 안전한가? 자신을 위해 재물을 많이 저장했다고 안전할 수 있는가? 하나님보다 재물을 더욱 믿고 신뢰하는 사람의 마음은 곧 무너질 모래성과 같다. 인간이 자신과 남을 보증하는 행위는 어리석은 욕심이고 허상이다. 하지만 현대사회에서 사업보증은 불가피할 때가 많다. 루터는 그리스도인들이 보증을 서야 하는 상황이라면 다음과 같은 마음을 가지라고 조언한다. "첫째, 마태복음 5장에서처럼 네 속옷을 가지려는 사람에게는 겉옷까지도 내주어라. 둘째, 가난한 사람들에게 무료로 나누어 주라(마5:42, 눅6:30). 셋째, 아무것도 바라지 말고 꾸어 주라(눅6:35)." 루터의 이 말은 가급적이면 보증을 서지 말라는 것이다. 하지만 불가피할 경우에는 보증보다는 줄 수 있는 역량 안에서 돈을 융통해 주는 것이 현명하다고 말한다.

래리 버케트의 "돈 사용에 관한 성경적 원리 연구"에 보면 성경에는 돈과 관련된 상황의 구절들이 1,600개 이상이다. 특히 신약에서는 '돈'을 '사랑' 다음으로 많이 다룬다. 그리스도인들이 일상에서 돈과 관련되어 결정을 내려야 하는 경우가 정말 많다. 몇 가지 정리를 하면 첫째, 돈을 인생의 목적으로 삼지 말라(마6:24). 둘째, 돈을 빌려주는 경우에는 높은 이자를 받지 말라(레22:25~26). 셋째, 부정한 방법으로 재산을 취하지 말라(삼하12장). 넷째, 부요한 사람은 가난한 이웃을 도와주며 살라(레23:22). 다섯째, 사업체를 경영하는 사장은 직원의 임금을 떼먹지 말라(신24:14). 여섯째, 아무리 어려워도 십일조 생활을 하라(말3:8~11). 일곱째, 빚을 졌으면 아무리 작은 빚이라도 다 갚으라(마5:26). 여덟째, 빚보증은 함부로 서지 말고, 서야 할 경우라면 책임질 수 있는 한도 내에서 서라(잠22:26). 아홉째, 돈을 사치와 향락적인 일로 쓰지 말라(약5:1~6).

결과적으로 그리스도인은 돈과 이자, 보증에 대한 성경적 지침을 잘 정리하고 그것을 생활 속에 실천해야 한다. 누군가 돈을 빌리려고 한다면, 성경의 무이자 대부의 정신을 따라 이자를 받지 않고 빌려주는 방식을 채택할 수 있어야 한다. 그리고 아무리 무이자로 빌려준다고 해도 성도들 간의 돈 문제는 다툼이나 분쟁의 원인이 될 수 있음을 명심하고 가급적이면 도움을 줄 수 있는 범위 내에서 기부하는 마음으로 주는 자세가 필요하다. 또한 보증은 가급적으로 서지 않는다. 하나님 외에 그리스도인이 믿을 수 있는 것은 해 아래 아무것도 없다.

절제의 경제를 배우는 그리스도인

예전에 한 여성도가 물었다. "이번 달에는 보너스가 안 나왔어요. 앞으로도 안 나올 것 같아요! 앞으로 어떻게 살아야 할지 너무 고민스러워요." 필자는 그분께 "뭘 걱정하세요? 줄어든 만큼 안 쓰면 되지요!"라고 말했다. 그리스도인은 검소한 삶을 살아야 한다. 아껴 쓰고 줄여 쓰고 노력하는 삶을 살아야 한다. 서울 변두리에서 목회를 할 때 우리 가정을 5년 동안 후원하신 집사님 내외가 있었다. 남편은 대학교수이고 부인은 고등학교 교사였다. 5년 동안 한 달도 거르지 않고 생활비를 보내주셨다. 그런데 서울에서 제주도로 떠나게 되어 인사를 드리러 집사님 댁을 찾아갔다. 집사님의 가정은 정말 검소하기 그지없는 삶을 살고 있었다. 집사님 댁을 처음 방문했을 때도 컬러 TV를 보는 시대에 흑백 TV를 보고 계셨고, 옷은 장롱 대신 행거에 걸어두고 있었고, 이불은 방 한쪽에 잘 정리해서 놓아 두셨었다.

그런데 세월이 많이 흐른 뒤에도 그 검소함이 변하지 않았던 것이다. "내 것을 줄이면 남을 도울 수 있는 여력이 생긴다."라는 말을 이 가정을 보고 깨달았다.

자본주의 시장경제 시대를 사는 사람들은 절대적 빈곤에 처해있지 않고 상대적 빈곤에 처해있는 경우가 많다. 따라서 그리스도인은 얼마든지 소비의 욕망을 절제하는 훈련을 통해 상대적 박탈감과 빈곤의 환경을 극복할 수 있다. 동아일보에서 발행한 "글로벌 스탠더드 시대"란 책에서 보면 "독일인들은 1회용 티슈를 한 번 쓰고 버리지 않고 주머니 혹은 가방에 넣었다가 다시 사용한다. 덴마크인은 자가용을 평균 10년 이상 사용한다. 영국인은 찻잔에 가득 찬 홍차가 접시 위에 쏟아지면 컵에 든 차를 다 마신 후 접시에 고인 차를 다시 찻잔에 부어 마신다. 영국에서는 점블세일을 열어 초중고 학생들이 졸업하여 못 입게 된 교복을 재수선하여 다시 싼 가격에 공급한다. 캐나다, 호주, 미국, 일본인들은 이사를 갈 때 필요 없는 물건을 버리지 않고 집 앞에 두고 싸게 판다. 이것을 'Yard or Garage sale'이라고 한다. 더불어 독일 초등학교 학생들의 교과서의 맨 뒷장을 보면 보통 3, 4명의 이름이 적혀 있다. 선배들이 후배들에게 물려준 기록이다. 스웨덴인은 부모에게 옷과 신발을 물려받는 것을 자랑스럽게 여긴다."라고 말한다. 소비의 욕망을 절제하는 삶은 다른 것이 아니다. 삶 속에서 실천하고 훈련할 수 있다. 만약 욕망을 절제하는 훈련을 배우지 못하면 진정한 그리스도인으로 설 수 없다. "어떻게 하면 검소하고 덕 있는 삶을 살 수 있을까? 어떻게 하면 욕망을 조절하며 살 수 있을까?"

디모데전서 6장 8절에 보면 "먹을 것과 입을 것이 있은 즉 족한 줄로 알지니라"라고 말한다. 그리스도인은 일용할 양식을 주시는 하나님께 감사해야 한다. 그러나 현대를 살아가는 그리스도인들에게 정말 일용할 양식만 주어지면 만족할 수 있을까? 마태복음 6장 34절에는 "그러므로 내일 일을 위하여 염려하지 말라 내일 일은 내일이 염려할 것이요 한 날의 괴로움은 그 날로 족하니라"라고 말한다. 정말 그리스도인들은 미래와 내일 일을 염려하지 않고 살 수 있을까?

여기서 중요한 점은 '내일에 대한 염려'와 '미래를 준비하는 자세'는 다르다는 것을 알아야 한다는 것이다. 내일에 대한 근심과 걱정은 하나님께 대한 믿음이 부족한 결과다. 일용할 양식을 감사히 먹으며, 내일에 대한 걱정보다는 하나님과의 동행 속에 계획할 수 있는 자세가 필요하다. 미래를 준비하는 자세와 미래를 걱정하는 자세는 다르다. 걱정이 과하면 근심이 된다. 성경은 염려만 하고 있는 것에 대해서 관대하지 않다. 이집트의 총리가 된 요셉은 하나님의 명령에 따라 흉년을 대비하여 곡식을 저장한다. 미래에 대한 준비를 통해 이방민

족에게까지 큰 칭송을 받은 하나님은 요셉의 준비를 통해 미래를 계획하셨다. 이러한 결과는 아무런 대책도 없이 염려만 하는 것과 그 결과가 다르다. 그리스도인의 저축생활이나 보험을 가입하는 일들도 미래에 대한 준비와 계획의 차원으로 바라보아야 한다. 미래의 시간은 하나님이 그리스도인들에게 주신 선물이다. 그 미래에 대한 계획은 모두가 "하나님의 나라와 그의 의"를 구하는 데 사용되어야 한다.

미래에 대한 과도한 불안과 근심은 돈을 의지하려는 마음으로 표현된다. 따라서 하나님을 의지하고 미래를 준비하는 그리스도인들은 돈을 의지하려는 마음에서 벗어나 소유를 내려놓는 자세가 필요하다. 그 자세의 기본조건은 바로 '자족(self-sufficiency)'이다. 디모데전서 6장 6절에 보면 "자족하는 마음이 있으면 경건에 큰 이익이 되느니라"라고 말한다. 그러나 자족하는 마음은 그냥 얻어지는 것이 아니라 훈련을 통해 얻어진다. 때로는 넘어질 때도 있고, 때로는 가진 소유를 다 잃어버릴 때도 있다. 하지만 그리스도인은 하나님을 의지하며 모든 일들에 대해 극복할 수 있는 능력을 키워야 한다.

세상의 모든 만물을 창조하신 하나님이 물질의 주권자시다. 사무엘상 2장 7절에 보면 "여호와는 가난하게도 하시고 부하게도 하시며 낮추기도 하시고 높이기도 하신다"라고 말한다. 하나님은 고난과 시련을 통해 그리스도인을 연단한다. 하지만 이 연단을 통해 인내하는 법을 배우지 못하면 그만큼 이기적이고 타락한 생활을 할 수밖에 없다.

디모데전서 6장 10절에 보면 "탐내는 자들은 미혹을 받아 믿음에서 떠나 많은 근심으로써 자기를 찔렀도다"라고 했다. 탐심을 이기지 못하면 죽음의 길로 들어설 수밖에 없다. 탐심을 이기지 못하고 절제하는 법을 배우지 못하면, 자본과 상품이 지배하는 시대의 기계와 꼭두각시 인형으로 전락한다. 인간의 탐심을 통한 경제적 부는 하나님을 망각하게 하는 덫(Net)과 같다. 사도바울은 골로새서 3장 5절에 "탐심은 우상숭배니라"라고 강력하게 말한다. 성경은 우상숭배를 모든 죄 가운데 가장 큰 죄로 여긴다. 바울은 탐욕은 우상숭배, 간음, 동성연애, 도적질 같은 죄처럼 구원을 불가능하게 만드는 죄들 중 하나임을 강조한다. 에베소서 5장 5절에 보면 "너희도 정녕 이것을 알거니와 음행하는 자나 더러운 자나 탐하는 자 곧 우상 숭배자는 다 그리스도와 하나님의 나라에서 기업을 얻지 못하리니"라고 말한다.

하나님의 나라를 기업으로 받으려면 먼저 '탐심'을 이겨내는 훈련을 감당해야 한다. 탐심은 개인의 욕망을 절제하는 방법밖에 없다. 절제(temperance)는 일순간에 결단한다고 해서 얻어지는 습관이 아니라 삶 속에서 반복적으로 훈련되어야 얻을 수 있는 좋은 습관이다. 탐심의 원인은 "그리스도인이 가지고 있는 모든 것"이다. 따라서 무엇을 절제해야 하는지를 알아야 한다.

첫째, 우리의 모든 소유는 하나님의 것이라는 고백을 해야 한다. 이 소유개념을 올바로 인식하지 못하면 그리스도인으로서 정체성을 가질 수 없다.

둘째, 물질에 대한 과한 소유욕은 하나님을 잊게 한다는 것을 명심해야 한다. 재물이 있는 자는 하나님 나라에 들어가기가 어렵다(눅 18:24~26). 디모데전서 6장 9~10절도 돈을 사랑함이 "일만 악의 뿌리"라고 말한다. 사람들은 돈에 대한 욕심 때문에 무엇이든지 하려고 한다. 그 결과 하나님을 멀리하고 파멸과 부패에 이르게 된다.

셋째, 과도한 소유욕은 사람들과의 다툼의 원인이 된다는 것을 기억해야 한다(약4:1~2). 따라서 소유하려는 것 때문에 사람과의 다툼과 분쟁이 발생한다면, 과감히 이러한 것을 내려놓는 훈련을 반복해야 한다.

넷째, 돈은 사람의 마음을 강퍅하게 만들고 가난한 자들에게 무관심하게 한다는 것을 알아야한다(사5:8~10). 돈을 소유하면 가족도 친구도 필요 없게 느껴질 수 있다. 하지만 진정한 부자는 돈을 많이 가진 자가 아니라 사람들과의 관계가 좋은 자라는 것을 깨달아야 한다.

결국 그리스도인들은 탐심을 내려놓고 절제하는 훈련을 반복해야 한다. 만약 절제를 훈련하지 않는다면, 언제나 하나님과 재물 사이에서 갈등하는 삶을 살게 될 것이다. 경제적 삶의 이정표가 부정확한 그리스도인들은 표류하는 난파선과 같다. 한나 아렌트(Hannah Arendt)는 모든 덕스러운 가치들 가운데 가장 중요한 것은 분별력(prudence)이라고 말했다. 만약 분별력이 없으면 인간은 자신이 선택한 길이 올바른 길인지 아닌지 모른 채 탐심의 나락으로 침몰할 가능성이 높다. 예수님은 "가난한 자는 복이 있나니 하나님의 나라가 너희 것임이요(눅6:20)"라는 말씀을 통해 그리스도인들에게 하나님의 나라를 위한 분별력을 제시하고 있다. 그 준거 틀은 바로 '가난'이다. '가난'은 곧 복된 삶이며 천국을 소유할 수 있는 비밀의 열쇠다. 이 '가난'을 바로 알면 탐심을 극복할 수도 있고 천국을 소유할 수도 있다. 그리스도인에게 '가난'이란 도대체 무엇인가?

사람들은 누구나 가난한 삶을 살고 싶어하지 않는다. 잠언 6장 6~11절에 보면 "게으른 자여 개미에게 가서 그가 하는 것을 보고 지혜를 얻으라 개미는 두령도 없고 감독자도 없고 통치자도 없으되 먹을 것을 여름 동안에 예비하며 추수 때에 양식을 모으느니라 게으른 자여 네가 어느 때까지 누워 있겠느냐 네가 어느 때에 잠이 깨어 일어나겠느냐 좀더 자자, 좀더 졸자, 손을 모으고 좀더 누워 있자 하면 네 빈궁이 강도 같이 오며 네 곤핍이 군사 같이 이르리라"라고 말한다.

사람의 게으름과 탐심, 혹은 각종 마약이나 그릇된 성관계의 중

독은 가난의 원인이 된다. 이런 가난은 하나님께 죄다. 하지만 가난을 다른 측면에서도 생각해볼 수 있다. 로날드 사이더(Ronald Sider)는 "가난은 사회적 억압, 착취, 재난에 기인하는 빈곤한 경제 상태와 관련이 있다."라고 말하며, "이는 개인의 문제라기보다는 부조리한 사회 구조에 기인하는 가난이 더 많다."라고 지적한다. 가난은 굶주리고 헐벗고 머리 둘 곳이 없는 상태다. 몸이 아픈데도 치료비가 없어 병원을 가지 못하고, 교육의 기회도 박탈당한다. 하루하루 힘겹게 삶을 유지하는 그 상황이 가난이다. 교육의 부재와 실업의 위기, 결손가정의 문제를 양산하는 사회적 구조가 큰 원인이다.

잠언 14장 31절에 보면 "가난한 사람을 학대하는 자는 그를 지으신 이를 멸시하는 자요 궁핍한 사람을 불쌍히 여기는 자는 주를 공경하는 자니라"라고 지적하며, 가난한 자와 하나님을 같은 처지로 몰아간다. 잠언 19장 17절에도 보면 "가난한 자를 불쌍히 여기는 것은 여호와께 꾸어 드리는 것이니 그의 선행을 그에게 갚아 주시리라"라고 말하면서 가난한 자를 긍휼히 여기는 것을 볼 수 있다. 마태복음 25장 45절을 보면 "이에 임금이 대답하여 가라사대 내가 진실로 너희에게 이르노니 이 지극히 작은 자 하나에게 하지 아니한 것이 곧 내게 하지 아니한 것이니라 하시리니"라고 하면서 가난한 자와 하나님을 동일시한다.

신학자 구스타보 꾸띠에레즈(Gustavo Gutiérrez)는 가난을 극복해야 할 가난과 보호받아야 할 가난으로 구분한다. 첫째, 물질적 빈곤으로 인한 가난은 극복해야 할 가난이다. 모세는 노예생활을 하는 이스라엘 백성을 인도하여 낸다. 하나님은 노예생활과 가난한 자들을 착취하는 환경을 싫어하시기 때문이다. 인간은 하나님의 형상(Imago Dei)으로 지음 받은 존재이기 때문에 하나님은 사람의 존엄성이 무시되는 가난한 상황을 원하지 않으신다. 가난한 자들을 억압하는 것은 곧 하나님께 죄를 짓는 것이다. 둘째, 가난은 구원을 경험하는 수단이다. 이 가난은 보호받아야 할 가난이다. 예레미야 20장 13절에 보면 "여호와께 노래하라 너희는 여호와를 찬양하라 가난한 자의 생명을 행악자의 손에서 구원하셨음이니라" 가난을 통해 구원을 경험한다. 신약의 팔복에서도 가난은 복이 있다고 말한다. 마태복음 5장 3절에 "심령이 가난한 자는 복이 있나니 천국이 저희 것임이요"라고 말한다.

가난한 사람이 복이 있는 이유는 무엇일까? 그것은 하나님의 나라가 가까이 왔기 때문이다. 가난한 사람을 인간답게 살지 못하도록 막는 사회적 구조가 하나님 나라의 도래와 함께 청산되기 때문에 가난한 자가 복이 있는 것이다. 역설적이게도 가난은 극복되어야 한다. 그러나 가난은 언제나 존재하기 때문에 가난한 사람과 함께 더불어 살지 않으면 가난의 사회적 구조는 극복될 수 없다.

예수님은 부요하셨지만 가난한 사람들을 위해 자발적으로 가난을 선택하셨다. 성육신을 통해 천한 인간의 삶의 자리로 내려오셨고, 자기를 비우셨다(kenosis). 죄인 된 인간의 처지와 상황을 아시고, 인간들과 함께 고통을 당하시면서 '당신의 가난'으로 인간들을 부요하게 만드셨다. 예수님의 이러한 자발적 가난의 삶에 동참하는 그리스도인은 가난의 죄로부터의 해방을 경험하고, 의식적이고 자발적인 가난의 삶을 살면서 이웃사랑의 실체를 경험한다.

폴 리꾀르(Paul Ricoeur)는 "가난에 항거하고 싸우지 않는 한 우리는 가난한 자들의 편이라고 말할 수 없다."라고 말한다. 가난에 동참하지 않고, 그들의 삶 속에 들어가서 생활하지 않고 신앙을 고백하는 성도는 참 믿음의 소유자가 아니다. 야고보서 2장 14~17절에 보면 "내 형제들아 만일 사람이 믿음이 있노라 하고 행함이 없으면 무슨 이익이 있으리요 그 믿음이 능히 자기를 구원하겠느냐 만일 형제나 자매가 헐벗고 일용할 양식이 없는데 너희 중에 누구든지 그에게 이르되 평안히 가라, 더웁게 하라, 배부르게 하라 하며 그 몸에 쓸 것을 주지 아니하면 무슨 이익이 있으리요 이와 같이 행함이 없는 믿음은 그 자체가 죽은 것이라"라고 말한다.

가난을 극복하고 가난으로부터 승리하기 위해서는 가난한 사람들을 이해하며, 가난의 구조적 문제의 개선을 위해 노력하여야 한다. 그들과 연대하면서 동감을 가지고 살 때에 비로소 "심령이 가난한 자는 복이 있나니 천국이 저희 것임이요"라고 외칠 수 있다.

가난의 삶에 동참하는 것은 하나님이 우리에게 주신 희망을 함께 나누는 것이다. 위르겐 몰트만(Jürgen Moltmann)은 그의 "희망의 신학"에서 이렇게 말한다. "희망은 하나님이 우리에게 주신 선물이다." 그 선물은 개인과 공동체에 주어진 것이며, 그리스도인들은 이 희망을 붙잡고 실천해야 한다. 어떻게 실천할 수 있겠는가? 그 희망을 부여잡는 방법 중 하나는 바로 "자발적인 혹은 의식적인 가난의 삶을 사는 것"이다.

경제학자 에른스트 슈마허(Ernst Schmacher)는 "내가 믿는 세상"에서 "가난은 문화다."라고 말한다. 인류의 역사 속에서 가난은 계속 있었고 앞으로도 사라지지 않을 것이다. 그렇기 때문에 의식적으로 가난의 문화를 향유하는 것은 그리스도인이 가질 수 있는 거룩한 선택이다. 신자유주의 시장경제의 적신호에 따라 현대를 사는 그리스도인들 사이에는 이미 자발적으로 가난의 문화에 동참하고자 하는 모임들이 세계 곳곳에서 일어나고 있다. 신자유주의적 자본주의의 병폐를 극복하고자 노력하는 사람들의 모습을 통해 그 대안적 경제활동이 붐을 이루고 있는 것이다. 기독교윤리실천운동본부에서 벌이는 "자발적 불편운동"이 한 예이다. 자발적으로 불편하게 사는 것은 "검소하게 사는 삶"을 말한다. 대중교통을 이용하고, 전기를 아껴 쓰고, 물건을 통용하고, 노동력을 교환하며, 가난의 문화를 이웃들과 향유한다.

슈마허는 가난을 가난(poverty)과 궁핍(misery)으로 구분한다. 가령, 하루에 삼시세끼를 먹을 수 있지만 저축할 돈이 없다면 '가난'이다. 반면에, '궁핍'은 하루에 삼시세끼를 먹을 수 없는 처지다. 가난은 늘 우리의 문화에 존재해 왔지만 궁핍은 다르다. 궁핍은 전쟁과 기근이 발생하고, 평화가 무너진 상태에서 발생하는 사회구조적 악의 결과다. 따라서 궁핍한 생활은 시급하게 극복해야 하는 상황이다. 하지만 가난의 삶은 검소하고 청빈하게 살 수 있는 토대를 마련한다. 그러므로 그리스도인은 "의식적인 가난의 문화"에 동참하여 검소하고 절제된 삶을 살기 위해 다음과 같은 일을 실천해야 한다.

첫째, 경건하고 검소한 삶에 대한 인식을 전환해야 한다. 시편 9편 18절에 보면 "궁핍한 자가 항상 잊어버림을 당하지 아니함이여 가난한 자들이 영원히 실망하지 아니하리로다"라고 하여 가난한 자들이 하나님의 특별한 은총과 보호의 대상으로 언급되었다. '가난한'이라는 말은 사실상 '경건한', '하나님을 경외하는', '독실한'이라는 말과 같다.

둘째, 의식적인 가난의 삶을 살기 위해서는 걱정과 근심을 내려 놓아야 한다. 누가복음 12장 22~31절에 보면 "너희는 무엇을 먹을까 무엇을 마실까 하여 구하지 말며 근심하지도 말라" 말한다. 욕심은 근심과 동의어다. 하지만 절제는 자족과 동의어다. 진정으로 전능하신 하나님을 믿는다면, 내일에 대한 걱정과 근심은 그분께 맡겨야 한다. 히브리서 13장 5절에 보면 "돈을 사랑치 말고 있는 바를 족한 줄로 알라 그가 친히 말씀하시기를 내가 과연 너희를 버리지 아니하고 너희를 떠나지 아니하리라 하셨느니라"라고 말한다.

셋째, 의식적인 가난의 삶을 살기 위해서는 덕 있는 자세가 중요하다. 아리스토텔레스는 "최고의 선(the good)은 행복"이라고 말한다. 이 행복은 덕스러운 성품을 통해 얻을 수 있다. 덕(virtue)은 인간의 탁월한 성품을 지칭한다. 이 탁월한(arete) 성품은 올바른 습관을 통해 형성된다. "의식적으로 가난한 삶"을 산다는 것은 올바른 습관을 기른다는 의미다. 즉 의식적으로 가난하게 사는 삶이 올바른 습관으로 그리스도인의 삶에 구체화(embodiment)될 때 행복이 성취되는 것이고, 성경의 말씀처럼 복 있는 자가 되어 하나님의 나라를 기업으로 받는 것이다. 그러나 덕은 쉽게 형성되는 것이 아니다. 매킨타이어(A, Macintyre)는 이 덕이 형성되려면 "성실, 정의, 용기"가 필요하다고 말한다. 필자는 이 말을 빌어 "성실하게 정의를 추구하려는 그리스도인에게 필요한 것은 용기"라고 말하고 싶다.

모네타
Moneta

4장

사랑의 경제,
정의로운 삶

사랑의 황금률

그리스도인들은 가치 있는 삶을 살아야 한다. 하지만 가치란 쉽게 얻어지는 것이 아니다. 자신의 삶이 진정으로 가치 있으려면 삶의 모든 영역에서 절제할 수 있어야 하고, 가진 것을 나누는 실천이 있어야 한다. 절제와 나눔은 예수님이 우리에게 보여주신 사랑의 마음을 품고 실천하는 것이어야 한다. 그리스도인은 자본주의 시장경제에서 가치 있는 삶을 위해 정의롭게 사는 것과 예수님의 사랑을 실천하며 사는 삶이 무엇인지 생각해야 한다.

마틴 루터 킹은 "I have a dream"에서 다음과 같이 의미 있는 말을 하였다. "사람들은 어디에서나 자신의 몸을 위한 하루 세끼의 식사, 자신의 마음을 위한 교육과 문화, 자신의 영혼을 위한 존엄성과 평등 및 자유를 가질 수 있다는 사실을 나는 감히 믿고 있다. 나는 이기적인 사람들이 허문 것을 이타적인 사람들이 다시 세울 수 있으며……인간의 진보는 자동적인 것도 불가피한 것도 아니라는 사실을 믿는다……이제 우리는 내일이 곧 오늘이라는 사실에 직면에 있다. 우리는 오늘이라는 매우 긴급한 문제에 맞서고 있다. 이처럼 수수께끼같이 펼쳐지는 인생과 역사 속에서, 우리는 너무 능장을 부려서는 안 된다. 지금은 무관심이나 자기만족에 빠져 있을 때가 아니다. 활기

차고 적극적으로 행동할 때다."

예수님은 철저하게 이타적인 삶을 사신 분이다. 죄 된 인간의 구원을 위해 이 땅에 오셨고 자신을 희생하고 죽음으로 많은 생명을 살리셨다. 낮은 자들과 눌린 자들, 억압받는 자들을 사랑하셨다. 종국에는 십자가의 죽음을 통해 지구상의 모든 불의를 이기시고 승리하셨다. 이렇듯 예수님의 대속의 삶과 죽음은 그분의 존재가치를 더욱 극명하게 나타낸다. 그 가치는 사랑을 통해 완성되고 전파된다. 그리고 예수님의 이타적인 삶은 곧 완전한 사랑으로 표현된다.

이타적인 삶 혹은 생각이란 무엇인가? 이타적인 사고는 타자의 입장에서 생각하는 것이다. 타자의 입장에서 생각할 때에 중요한 것은 타자를 사랑하는 마음이다. 타자를 사랑하지 않은 채 그의 입장에서 생각한다는 것은 이기적인 자기만족에 불과하다. 만약 자연을 타자로 생각하고, 하나님이 창조하신 피조물을 인간만이 아니라 자연의 영역으로까지 확장해서 생각한다면, 자연을 발전이라는 미명아래 무차별하게 개발하지는 않을 것이다. 따라서 예수님을 따라 이웃을 위해 희생하고자 하는 그리스도인은 인간뿐만 아니라 동식물의 생명도 아끼고 사랑하며, 이러한 타자들의 삶의 자리를 고려한 발전을 주창해야 한다.

인간의 이기적인 유전자와 경제적 효율이 만나면 그곳에는 반드시 탐욕과 폭력이 나타난다. 자본의 욕망은 인간의 삶을 더욱 메마르게 하며 이타적인 삶으로부터 눈멀게 한다. 더욱이 사람과의 관계에서 이기적 삶은 고립과 단절을 불러온다. 우리사회는 이기적 삶을 부추기는 환경이 지배적이다. 첨예하게 대립된 부와 빈의 갈등은 살아남기 위한 최선으로 남을 무너뜨리거나 밟고 일어서게 한다. 학교와 가정, 직장과 교회에서조차도 남을 위한 배려보다는 자신을 위한 목소리가 더욱 크게 울려 퍼진다. 사랑을 하되 자신을 위한 자기애가 강조될 뿐, 남을 위한 희생적인 사랑은 뒷전으로 밀려난다. 사회전반에 걸쳐 이타적인 사랑보다 이기적인 사랑이 만연돼있다.

마태복음 5장 39~44절에 보면 "나는 너희에게 이르노니 악한 자를 대적하지 말라 누구든지 네 오른편 뺨을 치거든 왼편도 돌려 대며 또 너를 고발하여 속옷을 가지고자 하는 자에게 겉옷까지도 가지게 하며 또 누구든지 너로 억지로 오 리를 가게 하거든 그 사람과 십 리를 동행하고 네게 구하는 자에게 주며 네게 꾸고자 하는 자에게 거절하지 말라 또 네 이웃을 사랑하고 네 원수를 미워하라 하였다는 것을 너희가 들었으나 나는 너희에게 이르노니 너희 원수를 사랑하며 너희를 박해하는 자를 위하여 기도하라"라고 말한다.

성경은 타자의 입장에서 생각하고 행동하기를 바란다. 위 말씀은 이웃과 원수를 사랑하는 방법을 구체적으로 명시한다. 본문에서 말하는 타자의 공격적 요구를 넘어서 왼편 뺨도 내어주고, 겉옷까지 주며, 십 리를 동행하는 행위는 '사랑없이'는 행할 수 없다. 그리스도인들은 신앙생활을 하면서 이와 같이 자신에게 불리하다고 여겨지는 요구에 늘 직면한다. 그 때마다 자기중심적 사고를 벗어버리지 못하면, 타인을 사랑하는 일에 실패할 수밖에 없다. 진정한 사랑은 이타적인 사랑이다. 역설적이게도 이타적인 사랑을 먼저 행하는 자는 자신도 사랑하고, 사랑받는 존재가 된다. 타자를 사랑하는 일은 곧 자신을 사랑하는 일이다.

예수님은 마태복음 7장 12절의 말씀을 통해 '사랑의 황금률'을 제시한다. "그러므로 무엇이든지 남에게 대접을 받고자 하는 대로 너희도 남을 대접하라 이것이 율법이요 선지자니라" 그리스도인은 이웃을 먼저 사랑해야 한다. 그러면 자신도 사랑을 받는 존재가 된다. 남을 먼저 배려하고 대접하면 자신도 배려의 대상이 되고 대접을 받게 된다. 이렇듯 황금률(The Golden Rule)은 예수님을 따르는 제자들이 지켜야할 법이고 제자도다. 법은 규칙이고 제도권 안에 있는 자는 반드시 지켜야 한다. 따라서 예수님을 따르는 제자들은 사랑의 황금률을 무시해서는 안 된다.

한스 큉(Hans Kueng)은 그의 '세계윤리구상'을 통해 종교의 역할을 강조하는 지구윤리를 제시한다. 이를 기초로 1993년 미국 시카고 세계종교회의에서 만들어진 '세계윤리선언'은 마태복음 7장 12절의 황금률로부터 다음과 같은 지침을 도출한다. "삶을 존중하고 비폭력에 노력하는 문화에 대한 책임, 결속의 문화와 공정한 형태의 세계무역에 대한 책임, 삶에 있어 아량과 정직의 문화에 대한 책임, 기회균등과 남녀평등의 문화에 대한 책임"

기독교윤리실천운동에서는 2015년 그리스도인들이 지켜야할 과제를, 필자가 보기엔 그리스도인이 지켜야 할 황금률을 "책임"이라는 단어로 선정했다. 그리스도인이 가져야 할 책임은 가정과 학교, 사회, 국가, 교회를 전제로 한다. 책임은 그리스도인에게 던져진 질문에 대한 응답이다. 가정과 학교, 사회, 국가, 교회들이 그리스도인에게 요구하는 어떤 일이나 사건, 질문에 응답하지 않고 행동하지 않는 것은 무책임한 행동이다.

엠마뉘엘 레비나스(Emmanuel Lévinas)는 "전체성과 무한"에서 타자에 대한 책임에 대해 말한다. 우리는 일상에서 잘 알지 못하는 사람들 및 사건과 만난다. 직접 보기도 하고 때로는 언론매체를 통해 듣기도 한다. 사건사고를 통해 분노할 때도 있고, 슬퍼할 때도 있다. 하지만 대부분의 감정은 머릿속에 잔영으로 남을 뿐 행동으로 옮기는 경우는 드물다. 불의한 것에 저항을 하거나 이웃의 어려움을 돕는 행위는 확실한 동기가 부여될 때에 이루어진다. 그 확실한 동기는 다름 아닌 사랑이다.

가령, 추운 겨울날 길을 걷다가 노상에서 야채를 파는 할머니와 어린아이를 발견할 때, 우리는 어떤 생각을 하는가? 대부분의 사람들은 '불쌍하다' 혹은 '도와주고 싶다.' 등의 생각을 한다. 하지만 아무런 반응도 보이지 않은 채 지나가는 경우가 허다하다. 왜냐하면 그들과 내가 상관이 없기 때문이다. 하지만 여기서 중요한 점은 나와는 혈연적으로 지연적으로 상관이 없는 그 사람들의 "상황 그 자체"가 그것을 목격한 나에게 "말을 걸어온다"는 것이다.

"타자가 나에게 말을 걸어온다."는 것은 그들의 얼굴과 눈빛, 표정, 상황으로 전달되는 소리 없는 언어다. 미디어를 통해서도 마찬가지다. 전쟁과 기근, 쓰나미, 범죄로 인해 수많은 무고한 사람들이 죽어가는 것을 읽거나 지켜볼 때 그들의 "상황 그 자체"가 미디어를 통해 우리에게 말을 걸어온다. 이때 감정적 동요는 물론이거니와 행동적 결단을 통해 그들의 어려운 상황에 동참하려고 시도한다면, 그것이 그리스도인의 책임적 행동인 것이다. 이타적인 삶의 모범을 보이신 예수님의 "사랑의 황금률"이 작동한 것이다. 사랑의 동기가 확실히 부여된 그리스도인들은 자발적 봉사와 헌금을 통해 자신에게 "말을 걸어온 상황 그 자체"에 응답하게 된다.

이타적인 삶은 사랑을 전제로 한다. 또한 사랑을 전제로 한 이타적인 삶은 무한 이기주의의 시대에 그리스도인으로서의 책임적 행동을 하게 만든다. 가족을 돌아보고, 이웃을 돌아보고, 사회와 국가를 돌아본다. 하나님이 창조하신 피조세계 전체를 관리하는 입장에서 자연을 바라보고 심지어는 원수까지도 사랑할 수 있게 된다. 이러한 책임적 행동은 예수 그리스도를 통해 사랑에 빚진 자가 된 그리스도인들이 지켜야할 율법이고 자세다.

사랑의 경제, 정의로운 경제

그리스도인은 책임적 존재다. 따라서 책임적 존재가 되기 위해서는 예수 그리스도의 사랑을 몸소 실천해야 한다. 사랑을 실천하는 방법은 여러 가지가 있지만 큰 범주안에서는 하나님 나라를 위해 정의롭게 살려고 노력하는 것이다. 그리스도인이 정의롭게 혹은 의롭게 혹은 정직하게 살고자 할 때 사랑은 허황된 이념이 아니라 실제적인 모습으로 우리의 삶 속에서 구체화된다. 한마디로 하면 "사랑은 정의를 통해 구체화 된다."라고 정의할 수 있다. 따라서 맘몬에 대항하고, 돈에 노예가 되지 않기 위해서는 불의한 것과 부정직한 상황에서 벗어나 사랑하며 살아야 한다. 나보다 남을 먼저 배려하는 삶이다. 이런 사랑의 삶으로 경제적 준칙을 세워가는 것을 사랑의 경제라고 말한다. 그러므로 사랑의 경제는 곧 정의로운 경제라고도 말할 수 있다.

한나 아렌트(Hannah Arendt)는 "폭력에 관하여"에서 폭력과 선한 권력을 구분한다. 권력은 국민이 국가에게 부여한 힘이다. 국민이 부여한 힘들을 가리켜 선한 권력이라고 말한다. 만약 국가가 그 권력을 남용하거나 도리어 국민을 압박하는 힘으로 사용할 때, 그 권력은 더 이상 선한 권력이 아니라 폭력으로 변질된다. 국가의 폭력은 국민의 뜻과 의도를 고려하지 않은 힘의 작용으로, 권력을 남용하거나 변질된 권력을 행사하는 모습으로 나타난다. 예를 들어, 디트리히 본회퍼(Dietrich Bonhoeffer)는 차도가 아닌 보행자 도로를 질주하는 "미친 자동차 운전수"를 비유하며, 나치의 히틀러를 비판한다. 미친 운전수가 차도가 아닌 보행자 도로 위로 차를 몰고 질주할 경우, 지나가는 무고한 행인들이 다칠 수 있다. 때문에 이런 폭력적인 운전수를 제어하고 통제하는 것은 또 다른 폭력이 아니라 정당방위로서의 저항권에 해당한다. 미친 운전수는 나치의 히틀러를 지칭한다. 유대인을 학살하고 전쟁을 일으킨 히틀러는 국민의 선한 권력을 남용하여 폭력적인 모습으로 변한 군주의 전형이다. 정치적, 경제적 힘은 오직 국가와 국민을 위해 사용되어야 한다. 만약 그 권력을 자신들을 위해서 혹은 가진 자들을 위해서 사용하거나 한 정당의

체제유지와 안위를 위해서만 사용한다면, 이것은 폭력적 권력의 형태를 띠는 것이며 정의롭지 못한 결과를 낳게 된다.

신자유주의의 시장경제는 수많은 노동자들의 피와 땀으로 얻은 경제적 가치와 힘을 통해 무한증식과 절대 권력을 형성하였다. 현대는 경제적인 권력이 정치적인 권력을 차지했다고 봐도 과언이 아니다. 돈이면 다 되는 경향이 있다. 돈을 위해 정치를 하고 정치적 판단도 돈에 의해 좌지우지된다. 이러한 정치적 행보가 국민을 위한 정치가 될 리 만무하다. 경제적 권력은 점점 더 부유한 자와 빈부의 격차를 심화시키고 있다. 빈부의 격차는 사회의 안녕과 평화를 위협하며, 각종 폭력의 원인으로 작용하기도 한다.

폭력은 어떤 방식으로든 용인될 수 없다. 따라서 폭력의 원인과 실체를 파악하여 대비하여야 함은 그리스도인들이 해야 할 마땅한 의무 중의 하나다. 경제적 논리와 정치적 논리가 만나 정의롭지 못한 구조를 양산하는 것을 미리 알고 대비하는 자세가 사랑의 경제를 이루는 데 매우 중요하다. 권력이 폭력적 형태로 변질되는 과정을 잘 이해하고 분석할 수 있도록 제시해 준 사람이 있다. 마키아벨리(Machiavelli)는 "군주론"에서 절대 군주가 되기 위한 일종의 행동지침에 대해 열거한다. 언뜻 보기에는 군주의 편에서 서술한 것 같지만, 이것은 군주를 위해 쓴 것이 아니라 군주의 형성과정과 실체를 세심하게 기술함으로써 일반 대중이 그 실체를 쉽게 파악할 수 있도록 길을 제시한다. 마하트마 간디(Mahatma Gandhi)는 이러한 폭력적 권력의 실체를 파악한 사람들 중에 한 명이었다. 그는 인종차별과 폭력적 압박에 대한 투쟁 즉, 사티아그라하(satyagraha)운동을 전개했다. 그 결과 남아프리카에서의 인종차별에 대한 투쟁을 승리로 이끌었고, 제1차 세계대전 이후 영국에 대해 비폭력적 저항운동을 전개하였다. 간디는 비폭력적 저항을 통해 정의를 수호하였으며 그 결과 국민들에게 사랑을 구체화한 장본인이 되었다.

그리스도인은 폭력적 형태를 띤 권력의 실체를 알고 그것에 대처하는 법을 성경을 통해 배워야 한다. 마태복음 5장 9~11절에 보면 "화평하게 하는 자는 복이 있나니 그들이 하나님의 아들이라 일컬음을 받을 것임이요 의를 위하여 박해를 받은 자는 복이 있나니 천국이 그들의 것임이라 나로 말미암아 너희를 욕하고 박해하고 거짓으로 너희를 거슬러 모든 악한 말을 할 때에는 너희에게 복이 있나니"라고 말한다. 이처럼 의를 위해 고통을 당하고 옳지 못한 권력에 핍박받는 자세가 폭력에 대처하는 그리스도인의 자세다. 그럴 때에 평화가 이루어지고 하나님의 아들로 여김을 받는 것이다.

본회퍼는 그의 책 "나를 따르라"에서 마태복음 5장 11절을 인용하며 그리스도인들은 "평화를 위해 부름 받은 제자"라고 말한다. 예수님을 따르는 제자의 삶은 평화를 지키는 피스키퍼(Peacekeeper)가 아니라 평화를 실현하는 피스메이커(Peacemaker)가 되어야 한다. 예수님은 십자가에서 고난과 버림을 받았다. 그리고 십자가에서 죄와 죄악의 구조를 이기시고 평화를 이루셨다. 그리스도의 참된 제자는 절대 권력과 구조적 악을 제거하는 사역에 동참해야 한다. 그것은 자기 십자가를 지고 자기를 부인하며 예수님을 따라가는 것이다. 그 때에 십자가에서 죽으시고 부활하신 예수님과 인격적으로 만나게 된다. 그 길만이 예수 그리스도의 현실에 참여하는 방법이다. 예수 그리스도의 십자가 없는 평화는 있을 수 없다.

평화를 위한 행보는 그리스도인이 반드시 해야 할 책임적 삶이다. 경제적 불평등으로 인한 폭력적 양상을 극복할 수 있는 길은 정의와 평화를 지키는 것을 넘어서 정의와 평화를 만들어가는 것이다. 하나님의 나라는 정의와 평화가 임하는 곳이다. 하나님의 나라는 역설적이게도 이미 예수님과 함께 도래했고 또한 예수님이 다시 오실 때에 임할 것이다. 그렇기 때문에 21세기를 살아가는 그리스도인들은 하나님의 나라를 위해 부름 받은 자들이어야 한다. "너희는 먼저 그의 나라와 의를 구하라 그리하면 이 모든 것을 너희에게 더 하시리라"

사랑의 경제를 이루기 위해서는 정의를 실현해야 한다. 정의롭지 못한 것은 반드시 그 이유가 있다. 인간의 죄와 사회의 구조적 악은 부정의한 것이다. 인간은 연약하기 때문에 죄를 저지를 수밖에 없다. 인간은 교만과 타락한 권력으로 타자에 대해 부정의를 행한다. 하지만 예수 그리스도의 십자가를 믿고 의지하며 죄를 고백할 때에 사함을 받을 수 있다. 부정의 한 상태에서 정의로운 상태로 변화될 수 있다. 권력도 마찬가지다.

라인홀드 니버(Reinhold Niebuhr)는 "권력정치론"에서 국민의 염원을 담은 힘의 사용을 선한 권력으로 표현한다. 하지만 힘을 부정적으로 사용하면 그 힘은 폭력으로 변한다고 말한다. 따라서 정의를 실현하기 위해서는 권력의 힘과 정의의 힘과 사랑의 힘이 서로를 보완하고 견제해야 한다. 만약 이 힘들의 균형이 무너질 경우에는 타락한 독재 권력이 나타난다. 균형 잡힌 정의는 올바른 권력행사로 나타나며 경제적이고 정치적인 민주주의를 이루는 초석이 된다. 이러한 민주주의 사회는 견제와 균형을 바탕으로 하며 진리가 거짓으로 변질되는 현상을 막는다.

예수 그리스도의 사랑으로 인간은 구원을 경험한다. 또한 예수 그리스도의 사랑은 집단적 이기주의(collective egoism)에 사로잡힌 사회의 구조적인 악을 제거하는 교량역할을 한다. 사랑의 힘은 정의를 이루기 위한 열정을 제공하고 정의를 실현하려는 그리스도인들에게 계속적인 자극을 준다. 하지만 나약한 인간의 의지 때문에 이 땅에서는 완전한 경제적, 정치적 민주주의를 성취하는 것이 불가능하다. 그것은 오직 종말론적인 하나님의 나라에서만 완전히 경험될 수 있다. 그러나 만일 현재에서도 하나님의 통치를 경험한다면, 완전하지는 않지만 분배의 정의가 살아있는 경제와 자유와 평등이 서려있는 경제적, 정치적 민주주의를 실현할 수 있다.

예수님이 행하신 마태복음 5장 3~10절의 산상수훈은 긴급하고 생동력 있는 실현 가능한 명령이다. "심령이 가난한 자는 복이 있나니 천국이 그들의 것임이요 애통하는 자는 복이 있나니 그들이 위로를 받을 것임이요 온유한 자는 복이 있나니 그들이 땅을 기업으로 받을 것임이요 의에 주리고 목마른 자는 복이 있나니 그들이 배부를 것임이요 긍휼히 여기는 자는 복이 있나니 그들이 긍휼히 여김을 받을 것임이요 마음이 청결한 자는 복이 있나니 그들이 하나님을 볼 것임이요 화평하게 하는 자는 복이 있나니 그들이 하나님의 아들이라 일컬음을 받을 것임이요 의를 위하여 박해를 받은 자는 복이 있나니 천국이 그들의 것임이라"

예수께서 말씀하신 팔복은 정의로운 사회를 위해 실천 가능한 행동강령이다. 이것은 예수님의 사랑을 실천하는 제자들이 따라야할 제자도이다. 가난과 애통과 온유와 의를 행함과 타자를 긍휼히 여기는 것과 정직한 것과 평화를 위해 헌신하는 것과 정의를 실현하기 위해 고통을 당하는 모습을 통해 경제적이고도 정치적인 참 민주주의를 실현할 수 있다. 정의가 실현되는 공동체는 그리스도의 사랑이 넘치는 공동체고, 치유의 역사가 일어나는 공동체다. 사랑의 실천은 경제적 불평등으로 고통 받는 하나님의 백성에게 회복을 경험하게 한다.

그리스도인이 세상을 살아가면서 진정한 가치를 발견한다는 것은 참으로 복된 일이다. 마가복음 12장 30~31절에 보면 "하나님을 사랑하고 네 이웃을 네 몸과 같이 사랑하라"라고 말한다. 물질적 가치와 세속적 가치를 이길 수 있는 것은 사랑의 가치다. 사랑의 경제는 바로 하나님을 사랑하는 것과 이웃을 사랑하는 것에서부터 시작한다. 돈이 많다고 풍요로운 삶을 사는 것이 아니다. 하나님과 나와의 관계 회복, 이웃과 나의 관계 회복, 자연과 나의 관계 회복이 이루어질 때, 진정한 풍요를 경험할 수 있다. 돈으로 살 수 없는 것이 사랑이다. 따라서 하나님과 이웃을 사랑하는 그리스도인들에게 풍요로움이 임하는 것이다. 풍요로움을 다른 말로 바꾸어 표현하면 "진정한 부(富)"라고 말할 수 있다. 따라서 사랑의 경제는 다음과 같은 다섯 가지의 속성을 가진다.

첫째, 사랑의 경제는 교환의 속성을 가진다. 예수께서 말씀하신 팔복은 "~하는 자는, ~를 받을 것이다."라는 구조로 이루어져 있다. 예를 들어, 하나님은 하나님의 나라를 위해 가난한 삶, 검소한 삶을 살기로 다짐하는 자에게 천국을 선물로 주신다. 또한 하나님의 사랑을 받은 그리스도인이 하나님의 명령에 순종하고 실천하면 그에 대한 보상을 받는다. 이렇듯 사랑의 경제는 A를 행하면 B를 얻게 되는 구조다. 가난해야 행복을 얻을 수 있고, 배가 고프면 어떤 음식도 감사하며 먹을 수 있다. 반면에 너무 많이 가지고 있거나 배가 부르면 감사의 마음도 행복도 얻을 수 없는 것이다. 사랑경제는 하나님과 사람이, 혹은 사람과 사람이, 사람과 자연이, 서로에게 사랑을 주는 것과 받는 것을 반복하는 경제다. 그리고 교환 속에서 사랑의 가치는 한없이 더욱 커지는 특성이 있다.

둘째, 사랑의 경제는 황금률의 속성을 가진다. 그리스도인은 사랑을 얻기 위해 무엇인가 희생한다. 마태복음 16장 14절에 보면 "이에 예수께서 제자들에게 이르시되 누구든지 나를 따라오려거든 자기를 부인하고 자기 십자가를 지고 나를 따를 것이니라"라고 말한다. 예수님을 믿고 따를 때, 자기의 십자가를 지는 희생이 필요한 것처럼 천국을 소유하거나, 위로를 받거나, 땅을 기업으로 받거나, 배부르거나, 긍휼히 여김을 받거나, 하나님을 보거나, 하나님의 아들이라 일컬음을 받을 수 있는 길은 반드시 그에 대한 대가를 지불해야 한다.

셋째, 사랑의 경제는 의로움의 속성을 가진다. 애통하는 사람은 누구를 위해 무엇을 위해 애통하는가? 그것은 불의한 구조와 억압에 의해 시험당하는 이웃을 보고 눈물을 흘리는 것이다. 경제적으로 어려운 사람들을 위해 같이 아파하는 마음은 의로움에서 시작한다. 또한 온유한 사람이 땅을 기업으로 받는다. 자본주의 시대에서 땅은 힘 있는 자들이 취할 수 있는 것이다. 힘없는 자들에게는 주어지지 않는다. 하지만 온유한 마음을 가지고 자본의 논리에 따라 살지 않고 하나님의 명령에 순종하며 살 때, 생명의 원천인 땅을 기업으로 얻을 수 있다.

하나님은 의에 주리고 목마른 사람에게 복을 주신다. 이 배부름의 복은 육신의 배부름을 넘어 영원히 목마르지 않는 배부름이다. 요한복음 4장 14절에 "내가 주는 물을 마시는 사람은 영원히 목마르지 아니하리니 내가 주는 물은 그 속에서 영생하도록 솟아나는 샘물이 되리라"라고 말한다. 긍휼과 청결한 마음 또한 정직한 삶에서부터 시작한 사랑의 실천이다. 경제적 어려움을 겪는 이웃과 자연을 돌아보며 그들을 향한 긍휼한 마음을 실천하는 것은 순수하고 정결하고 정직한 마음에서부터 시작한다. 마지막으로 팔복에서 화평케 하는 자와 의를 위하여 핍박받는 자 또한 정의를 위한 행동이다. 경제적, 정치적 혼란 속에서 평화를 갈구하고 정의를 위해 고난과 고통을 당하는 그리스도인들은 진정한 하나님의 아들이고 그들은 천국을 소유한 자들이다. 이렇듯 사랑의 경제는 의로움의 속성을 가지고 있다.

넷째, 사랑의 경제는 이타적 속성을 가진다. 고린도전서 13장 5절에 "무례히 행하지 아니하며 자기의 유익을 구하지 아니하며 성내지 아니하며 악한 것을 생각하지 아니하며"라고 말한다. 사랑의 속성은 자신의 이익을 고려하지 않는다. 자신의 이익보다는 상대방을 위해 헌신하고 희생한다. 이러한 사상은 자본주의 시장경제의 시스템과 정면으로 충돌한다. 그렇기 때문에 사랑의 경제는 작금의 시대를 역류하는 혁명적 경제다. 그리스도인은 자신의 이익을 위해 노력하는 것이 아니라 먼저 하나님 나라를 위해 일한다. 하나님 나라는 그분의 통치가 임하는 곳이다. 그곳에는 정의와 평화가 깃들어 있다. 그리스도인들이 하나님 나라를 위해 헌신한다는 것은 자신의 것을 버리고 타자에게 더 많이 희생하겠다는 다짐이다. 이러한 다짐의 실천적 강령이 바로 예수께서 말씀하신 팔복이다.

다섯째, 사랑의 경제는 나눔의 속성을 가진다. 사랑은 혼자 가지고 있는 것보다 나눌수록 커진다. 기쁨은 배가 되고 슬픔은 반이 된다. 이러한 나눔에는 반드시 지켜야 할 법이 있다. 이스라엘 백성이 광야에서 성인 60만 명(부모들과 자식들을 포함하면 약 250만 명)이 40년간 만나와 메추라기를 먹고 지낼 수 있었던 비결은 나눔의 법이 있었기 때문이다. 이스라엘 백성이 그 소출을 거둘 때에는 반드시 가족 수 만큼만 거두어야 하고(출16:16), 거둔 음식을 아침까지 남겨 두지 말아야 하고(출16:17), 안식일을 위해서는 그 전날 이틀 분의 양을 줍는 것이다(출16:22~23). 이런 나눔의 법을 지켰기 때문에 이스라엘은 40년간을 은혜 가운데 보낼 수 있었다.

성경은 곳곳에서 이러한 나눔의 법을 강조하고 있다. 농부들은 곡식의 수확물 가운데 얼마를 가난한 자들을 위하여 남겨 두어야 한다. 우연히 떨어진 포도도 그대로 남겨 두어야 한다. 레위기 19장 10절에 보면 "가난한 사람과 타국인을 위하여 버려두라 나는 너의 하나님 여호와니라"라고 말한다. 가난한 자와 고아와 과부들을 위해 넉넉하게 이삭을 남기는 것이 나눔의 법(신24:19~22, 레19:9~10)이다. 이 법은 굶주린 백성과 나그네를 접대하는 정중한 예절이며, 사람의 필요를 채우는 권리였다. 사도행전의 초대교회에서도 이러한 나눔의 법이 유효했다. 사도행전 2장 44~45절에 보면 "믿는 사람이 다 함께 있어 모든 물건을 서로 통용하고 또 재산과 소유를 팔아 각 사람의 필요를 따라 나눠 주며"라고 말한다. 성령의 역사를 체험한 그리스도인들의 경제적 삶은 나눔의 삶이다.

선한 사마리아인 이야기

그리스도인은 예수님의 제자로 살아야 한다. 비관적인 현실을 탓하기 보다는 낙관적인 비전을 가지고 하나님의 나라를 실현하기 위해 노력해야 한다. 하지만 그리스도인이 가지고 있는 비전은 보이지 않는(invisible)것과 보이는(visible)것 사이에 놓여있고 그 간극으로 인해 갈등한다. 믿음, 하나님의 나라, 사랑, 정의와 같은 것들은 눈에 보이지 않는 실체다. 반면에 돈, 명예, 권력, 섹스, 사회적 지위와 같은 것들은 눈에 보이는 실체다. 보이지 않는 것은 영적인 특징을 가지고 있기 때문에 육적인 눈으로 혹은 세상적인 잣대로 바라볼 수 있는 실체가 아니다. 그렇기 때문에 그것은 예수님을 믿지 않는 사람들에게는 비현실적이기도 하며, 비효율적이기도 하다. 세상을 살아가는 그리스도인들마저 이런 이유로 비전을 잊고 살거나 포기하는 경향도 보인다. 왜냐하면 그리스도인들이 취해야할 비전들이 자본주의 시장경제의 현실과는 너무 상이한 주제들이기 때문이다. 눈에 보이는 것만을 추구하는 것은 자본의 욕망의 굴레를 벗어나지 못한 결과이고 세상의 풍조에 동조하는 자세다. 하지만 자본의 엄격한 현실이 난무하는 세계에서 거룩한 꿈을 포기하지 않고 희망을 찾는 사람들이 진정한 그리스도인이 아니겠는가?

세상에는 불합리한 고통과 억압을 극복하려고 노력하는 사람들이 많다. 그리스도인들은 '그게 과연 가능할까?'라는 질문 대신에 '어떻게 하면 그게 가능할까?'라는 질문을 하는 사람들이다. 현존하는 자본주의의 비관적 패러다임과 물질만능의 관습을 타파하여 진정한 하나님 나라의 경제적 살림을 꾸려가려고 노력하는 시도는 우리에게 하나의 대안을 제시한다. 이런 대안적 사고를 가지고 있는 그리스도 인들은 새로운 틀을 통해 사랑의 경제를 꿈꾸는 자들이다. 사랑의 경제는 어떻게 보면 보이지 않는 것들을 부여잡으려고 시도하는 것과 같다. 자본주의 시대의 현실적인 가치와 눈으로 보면 뜬구름을 잡는 것 같고, 실현 불가능한 담론에 지나지 않을 수도 있다. 하지만 진정한 그리스도인이라면 경제적 대안을 꿈꾸고 그 꿈을 현실로 바꾸는 자가 되어야 하지 않겠는가?

성경에 나오는 선한 사마리아인은 자신의 물질을 아낌없이 이웃을 위해 사용한 사람이다. 즉 사랑의 경제를 실천한 인물이다. 그의 사랑은 상대적이지 않고 절대적이며, 이익을 바라지 않고 헌신적이고 희생적이다. 누가복음 10장 30~37절에 보면 "예수께서 대답하여 이르시되 어떤 사람이 예루살렘에서 여리고로 내려가다가 강도를 만나매 강도들이 그 옷을 벗기고 때려 거의 죽은 것을 버리고 갔더라 마침 한 제사장이 그 길로 내려가다가 그를 보고 피하여 지나가고 또 이와 같이 한 레위인도 그곳에 이르러 그를 보고 피하여 지나가되 어떤 사마리아 사람은 여행하는 중 거기 이르러 그를 보고 불쌍히 여겨 가까이 가서 기름과 포도주를 그 상처에 붓고 싸매고 자기 짐승에 태워 주막으로 데리고 가서 돌보아 주니라 그 이튿날 그가 주막 주인에게 데나리온 둘을 내어 주며 이르되 이 사람을 돌보아 주라 비용이 더 들면 내가 돌아올 때에 갚으리라 하였으니 네 생각에는 이 세 사람 중에 누가 강도 만난 자의 이웃이 되겠느냐 이르되 자비를 베푼 자니이다 예수께서 이르시되 가서 너도 이와 같이 하라 하시니라"라고 말한다.

강도 만난 사람은 거의 죽은 상태다. 그 죽어가는 상황 자체가 성경을 읽는 독자에게나 그 길을 걷고 있는 제사장과 레위인, 사마리아인에게 무언의 메시지를 보내고 있다. 만약 우리가 그 노상에 서 있었다면 어떤 모습을 보일 수 있었겠는가? 제사장과 레위인처럼 그냥 지나칠 것인가? 아니면 사마리아인과 같이 도움을 줄 것인가?

성경을 보면 제사장과 레위인은 거의 죽을 지경에 다다른 사람을 "보고, 피하여, 지나간다." 어떻게 하나님을 믿는 사람들이, 하나님의 성전을 섬기는 사람들이 죽어가는 생명을 보고 피하여 지나갈 수 있는가? 당신이라면 어떻게 하겠는가? 물론 경찰에 신고를 할 것이다. 그리고 죽어가는 생명을 보고 안타까운 마음에 자리를 뜨지 못할 것이다. 그런데 하나님을 믿고 섬기는 자들인 제사장과 레위인의 행동은 이해할 수 없는 일로 판단된다.

그리스도인들조차 각자의 상황과 핑계 때문에 해야 할 일을 하지 못하는 경우가 종종 있다. 그리스도인으로서의 책임을 다하지 못한 죄책감이 생긴다. 세상을 살면서 주변에 일어난 모든 일에 반응하며 살 수는 없다. 그렇지만 최선을 다해 나와 내 주변, 혹은 인간과 자연의 생명과 관련된 일에 대해서 반응하며 책임을 가지고 살아야 한다. 예수님이 율법교사에게 이 비유를 말씀하신 이유는 무엇일까? 그것은 아무리 율법적으로 완벽하다고 하더라도 이웃을 사랑하는 마음이 없으면 아무 소용이 없다는 것을 지적하기 위함이다. 예수님은 율법을 폐하러 오신 것이 아니라 율법을 완성하려고 오신 분이시다. 율법의 완성은 사랑이다.

사마리아인은 생명을 살리는 일에 자신의 것을 아깝게 여기지 않았다. 그의 즉각적인 조치는 물질을 선한 것을 위해 사용할 줄 아는 지혜로운 행위였다. 사랑의 경제는 생명을 살리는 경제다. 생명을 위협하는 상황이나 구조는 극복되어야 한다. 그리스도인은 "가정과 사회, 학교와 직장, 교회와 국가"에서 생명을 위협당하는 자들과 소외된 자들, 죽어가는 자들을 희생적으로 섬겨야 한다. 만약 우리 주변의 환경이 폭력적 구조에 노출되어 있다면, 사마리아인과 같이 자신의 시간과 정성, 물질을 희생하더라도 적극적으로 생명을 살리는 일에 동참해야 한다.

사마리아인은 여기서 그치지 않고 더 적극적으로 생명을 살리는 일에 동참한다. 강도 만나 자를 짐승에 태워 주막으로 가서 그를 돌보고 하룻밤을 같이 보낸다. 초기단계의 응급처치에서부터 하룻밤을 함께 보내면서 강도 만난 자를 위해 시간을 할애하였다. 현대를 사는 사람들은 누구나 바쁘고 시간이 없다. 상대방을 위해 자신의 시간을 할애하는 일을 기대하기란 쉽지 않다. 그런데 사마리아인은 달랐다. 물질 뿐만 아니라 시간을 들여서 생명을 살리는 일에 매진하였다. 사랑의 경제는 이와 같이 물질과 시간을 필요로 한다. 물질만으로 계산하는 경제가 아니다. 사람들의 온정과 노력, 시간이 함께하는 경제다. 곧 사랑의 경제는 마음 씀씀이의 경제다.

마지막으로 생명을 살리는 일에 대한 사마리아인의 자세는 아직 도래하지 않은 미래의 상황까지도 책임을 통감한다. 데나리온 둘(당시 한 데나리온은 노동자들이 받는 하루의 품삯)을 주인에게 주면서 "비용이 더 들면 돌아올 때에 갚는다."라고 말한 것은 강도 만난 자에게나 돌보는 주막의 주인에게까지 미래에 대한 희망을 선물한다. 사마리아인의 미래에 대한 약속은 그저 말로만 하는 약속이 아니라 경제적 보상까지도 책임을 지는 선취된 약속이다.

자본주의 시장경제의 역기능 아래에 놓인 사람들은 미래에 대한 희망이 부족하다. 아무리 열심히 일해도 저축할 수 있는 환경이 아니다. OECD 가입국 중 한국의 청년실업률은 최고치다. 각종 아르바이트로 혹은 비정규직으로 일하는 청년들 중 정규직으로 전환되는 비율이 고작 11% 정도이다. 100명 중 10명 정도만이 미래가 보장되는 일자리를 갖는다. 미래를 담보할 수 있는 환경이 없고, 먹고살 걱정이 앞서는 시대를 살고 있다. 이런 시대에 미래에 대한 희망을 선물하는 것은 참으로 귀한 일이다.

사랑의 경제는 선한 사마리아인의 행동을 귀감으로 삼고 생명을 살리는 경제의 원형으로 삼는다. 물질과 정성과 시간을 투자하고 미래에 대한 소망도 선물한다. 이것이 사랑의 경제가 추구하는 원리다. 베벌리 슈왈츠(Beverly Schwartz)의 "체인지 메이커 혁명"에 보면 세상을 이끄는 사회혁신가들에게 나타나는 공통적인 자질이 있다. 목적과 열정, 유형과 참여가 그것이다. 그들은 사람과 사람을 이어주는 역할을 하는 목적이 분명하다. 또한 자신의 판단을 소신껏 밀고 나갈 수 있는 열정이 있다. 그리고 문제에 봉착하면 문제를 해결하는 본보기를 보이고 근본적인 문제를 해결할 수 있도록 돕는다. 그리고 마지막으로 많은 사람들이 함께 일을 할 수 있도록 참여를 유도한다.

사랑의 경제는 사회를 혁신할 수 있는 그리스도인을 필요로 한다. 첫째, 사랑의 경제는 생명을 살리는 것이 목적이다. 경제적으로 정치적으로 어려운 시대에 죽어가는 생명을 보고 그냥 지나치는 그리스도인이 아니라 적극적으로 대안을 제시하고 생명을 살리는 일에 동참하는 것이 목표가 되어야 한다.

둘째, 사랑의 경제는 사마리아인처럼 동정심이 있어야 한다. 동정심은 감정적 동인에서 비롯된다. 현대는 감성의 시대다. 하지만 개인적 감성에만 치우쳐 있다. 이타적인 사물과 사람에 대한 동감이 필요하다. 그들의 외침을 듣고 반응하는 자세가 동정심의 시발점이된다. 자신의 것을 적극적으로 아낌없이 내어주고 돌보는 동정심이 생명을 살리는 길이다.

셋째, 사마리아인의 행동은 제사장과 레위인과 달리 강도 만난 자와 주막의 주인에게, 그리고 비유를 듣는 율법교사나 제자들, 현대를 살아가는 그리스도인들에게 사랑의 모형을 제시해 준다. 사마리아인의 사랑의 경제는 돈으로 인해 고통 받는 사람들에게 그 근본적인 문제 해결을 제시하고 있다. 하나님이 주신 생명의 소중함을 알고 더불어 사는 세상을 위해 헌신할 수 있는 자세는 그리스도의 사랑의 마음을 품는 것 외에 다른 길이 없다.

넷째, 사랑의 경제는 참여를 요구한다. 사마리아인의 모습을 본 사람들은 누구나 제사장과 레위인처럼 행동하지 않기로 다짐할 것이다. 예수님이 이 비유를 통해 율법교사와 그리스도인들에게 질문하신다. "누가 강도 만난 사람에게 진정한 이웃인가?" 예수님은 이 질문을 통해 그리스도인들이 사마리아인과 같이 적극적으로 참여하고 동참하기를 말씀하신다.

선한 사마리아인의 비유는 사랑의 경제를 실천하고자 하는 사람들에게 '경제원리'를 제공한다. 생명을 살리는 일에 물질과 정성, 시간을 투자하고, 그들에게 하나님 나라의 희망을 꿈꾸게 한다. 이와 같은 사랑의 경제는 형이상학적인 바람이 아니고, 구체적인 시스템과 운동으로 이미 우리의 삶 속에 들어와 있다. 사랑의 경제를 실천하는 사람들은 자본주의 시장경제의 역기능을 예견하고 '다음'을 준비하는 사람들이다. 사랑의 경제는 이름은 다르지만 각자의 방식으로 전개되고 있다. 그 중 몇 가지를 설명하고 제시하고자 한다. 대표적으로 사랑의 경제를 실천하는 시스템이 있다. 공유경제가 그것이다. 공유경제의 흐름과 맥을 같이하는 사회적기업, 사회적협동조합, 지역화폐제도, 레츠시스템, 프라우트제도 등도 신자유주의 시장경제의 대안으로 소개하고자 한다. 이러한 시스템과 제도들을 살펴보고 교회와 그리스도인이 삶 속에서 사랑의 경제를 이루는 일을 적극적으로 개진할 필요가 있다. 예를 들어, 필자가 시무하는 교회는 2013년 11월에 당회 결의를 통해 교역자를 대폭 증원하였다. 교회가 부흥해서라기보다는 국내경기의 위축과 이로 인한 교회들의 마이너스 성장으로 교역자들의 이동이 교계적으로 원활하지 못한 상태가 되었기 때문이다. 따라서 고통을 함께 분담하는 차원에서 교역자의 수를 증원하여 그들에게 상격의 기회를 제공하고, 그들의 가족들이 편안하게 살 수 있도록 지원하였다. 교회가 먼저 사랑의 경제를 실천함으로 성도들에게 좋은 모델을 선보인 것이다.

사랑의 경제, 생명의 경제

사랑의 경제는 예수님의 명령을 따라 움직이는 경제공동체를 설립한다. 선한 사마리아인의 모형에서 보았듯이 사랑의 경제는 관계적으로 사회적으로 필요를 요하는 사람과 구조에 책임을 진다. 또한 사랑의 경제는 자신을 살리는 동시에 상대방의 생명 또한 살리는 역할을 감당한다. 생명을 소중히 여기며 존중하는 자세는 생명의 창조자이시고 주관자이신 하나님의 창조질서에 부합하는 그리스도인들의 책임적 삶이다.

십계명의 제 5계명 "네 부모를 공경하라"에서도 볼 수 있듯이 부모를 부양하는 일은 경제적 활동을 영위하고 있는 자녀들이 지켜야 할 사랑의 법이다. 경제적인 어려움 때문에 생존에 위협받는 상황에 처한 부모님을 돌보는 일은 자녀들이 마땅히 해야 할 일이다. 하지만 더욱 중요한 것은 "하나님이 부여하신 생명을 존귀하게 여기라는 뜻"이 그 계명에 내재되어 있기 때문이다.

제 6계명 "살인하지 말라" 또한 생명의 주권이 하나님께 있기 때문에 함부로 생명을 위협하는 일들을 해서는 안 된다는 의미다. 자본주의 시대의 생활환경은 자의든 타의든 생명을 경시하는 풍조가 팽배해 있다. 스스로 생명을 끊는 경우가 허다하고 폭력에 희생을 당하는 경우도 사회 곳곳에 만연돼 있다. 자본주의 시장경제의 폭력적 구조 안에서 사람과 동식물들은 생명을 위협받고 있으며 돈의 노예가 된 권력집단들이 이러한 일들을 뒤에서 조장하고 있다. 이들은 생명을 경시하며 하나님의 주권을 부인하는 자들이고 타인의 생명과 희생을 담보로 자신들의 배만 불리는 사악한 자들이다.

최근 필리핀이 쓰나미(Tsunami)로 인해 많은 생명과 재산을 잃었다. 하지만 필리핀 사람들의 생명을 더욱 위협하는 것은 다름 아니라 경제적 불평등이다. 필리핀의 전체 인구 중에서 10%의 지주들과 필리핀에 진출한 다국적 기업들이 필리핀 땅의 90% 가량을 소유하고 있다. 결과적으로 90%의 대다수 사람들은 나머지 10%의 땅만을 소유하고 있는 셈이다. 필리핀인들은 아무리 열심히 일해도 부의 지나친 편중으로 인해 가난한 사람들의 생활환경이 나아지지 않는다. 이러한 부의 불균형은 사회적 약자들의 생명과 재산을 위협하고 있다.

세계 곳곳에 사람과 자연의 생명을 위협하는 지배구조가 너무도 많이 있다. 의식 있는 그리스도인이라면 이런 상황에 대처하는 방법을 체득하고 그 대안을 전파해야 한다. 사랑의 경제는 이러한 생명을 지키고 보호하는 것에 주된 관심을 가지고 있다. 따라서 그리스도인은 하나님의 "생명주권" 정신을 계승하는 책임을 다해야 한다. 사랑의 경제는 생명을 살리는 경제다. 생명의 소중함을 함께 나누고 더불어 행복한 공동체를 형성하는 것이다. 일례로 기독교윤리실천운동본부는 매월마다 "자발적 불편운동"을 시행하고 있다. 홈페이지에 들어가 보면 그리스도인들이 매월 해야 할 캠페인을 확인할 수 있다. "출퇴근길에 대중교통을 이용하는 것이라든지, 엘리베이터 대신에 계단을 이용하는 것이라든지, 사용하지 않는 전기플러그를 뽑는 것과 수돗물을 계획적으로 사용하여 절수를 하는 것, 도시가스를 아껴 쓰는 것" 등의 운동을 전개하고 있다.

로날드 사이더(Ronald J. Sider)는 이런 자발적 불편을 감수하고자 하는 그리스도인들에게 다음과 같이 묻는다. "정기적으로 금식하는가? 물건이 좀 오래됐다고 바로 새것을 구입하는가? 검소하게 살기 위해 다른 기독교인과 대화하는가? 옷에 대한 유행을 따르지 않고 깨끗이 입는가? 자녀에게 물질보다는 더 많은 사랑과 시간을 주는가? 대중교통을 이용하는가? 월 예산을 세우고 지키는가? 짧은 거리는 걷는가? 에어컨 대신 선풍기를 사용하는가? 재생할 수 없는 천연자원의 소비를 줄이고 있는가? 필수품과 사치품을 구별하며 살고 있는가?"

그리스도인들이 자발적으로 불편을 감수하고 경제적으로 절약하는 습관을 실천하는 것은 그들이 속한 가정과 사회, 공동체를 살리는 역할을 한다. 교회는 사회 속에서 "소금과 빛"의 역할을 감당해야 한다. 소금과 빛의 용도는 생명을 살리고 인도하는 데 있다. 생명을 살리는 경제, 자발적으로 불편을 감수하는 경제, 서로가 협동하여 어려운 난국을 극복하는 경제가 바로 사랑의 경제다. 사랑의 경제는 여러 가지 패러다임의 틀을 가지고 이미 전 세계적으로 시행되고 있다. 물론 사랑의 경제라는 이름으로 시행되는 것은 아니다. 하지만 앞으로 소개할 대안 경제 시스템들은 모두 불의한 구조와 폭력적 억압을 극복하고 대다수 사람들의 생명을 살리는 일에 동참하고자 발의된 경제체제다. 이러한 맥락에서 필자는 대안경제를 사랑의 경제라는 범주에서 바라본다. 따라서 사랑의 경제는 미래사회와 미래경제, 그리고 교회가 참여하고 시행해야 하는 경제적 환경과 실행에 큰 영감을 불어넣어 줄 수 있다.

사랑의 경제는 먼저 개인과 사회, 자연에 대한 책임을 진다. 사회적 책임(Social Responsiblility)을 기본원리로 하여 경제방식을 풀어간다. 세계의 많은 나라들의 시민들이 신자유주의의 다국적기업과 다국적자본의 피해를 경험했다. 그 반향으로 대두된 것이 최근에

성행하고 있는 "사회적기업과 사회적자본"이다. 이런 움직임들은 여러 가지 형태의 시민사회와 연대감을 형성하고, 경제적으로 분배의 정의를 추구하려는 운동으로 나타난다. 그 중심에 자본주의의 시장경제의 대안으로 나타난 공유경제가 있다. 빅토르 위고는 "레 미제라블"에서 "시대를 만난 아이디어만큼 강력한 것은 없다."라고 말했다. 공유경제의 참신한 아이디어가 시대의 요구를 잘 반영하는 책임적 지침으로 그리스도인들에게 강력한 대안을 제시해 줄 수 있다.

공유경제(Sharing Economy)

2008년 하버드 대학교 법학교수인 로렌스 레식(Lawrence Lessig)은 공유경제를 "물건을 소유하는 대신 여럿이 공유해서 쓰는 협력적 소비에 기반을 둔 경제구조"라고 소개했다. 로나 골드(Lorna Gold)박사도 "공유경제-나눔의 경제학"에서 "물품을 소유의 개념이 아닌 서로 대여해 주고 차용해 쓰는 개념으로 인식하여 경제활동을 하는 것"을 공유경제라고 말했다. 공유경제의 핵심에는 바로 포콜라레(Focolare)정신이 있다. 포콜라레는 이태리어로 '벽난로'를 의미한다. "한 사람이 따뜻한 벽난로가 되어 주위 사람들을 모여들게 하며, 그들에게 사랑의 온기를 전하는 사람이 되고자 하는 사람들의 영성모임"을 '포콜라레'라고 부른다. 사도행전 11장 26절에 보면 "만나매 안디옥에 데리고 와서 둘이 교회에 일 년간 모여 있어 큰 무리를 가르쳤고 제자들이 안디옥에서 비로소 그리스도인이라 일컬음을 받게 되었더라"라고 말한다. 안디옥에서 제자들이 비로소 그리스도인이라고 일컬음을 받게 된 것처럼 포콜라레 공동체는 이웃과 지역사람들에게 참 그리스도인들이라 칭함을 받았다. 그 결과 이탈리아 사람들은 그들을 향하여 "너희들은 참으로 벽난로처럼 따뜻한 사람들이다."라고 부르기 시작했고, 이때부터 '포콜라레'의 공유경제가 시작되었다.

포콜라레 운동은 공유경제에 참여하는 기업의 사례를 통해 공유경제의 실현 가능성을 다각도로 조명하고, 인간 중심의 새로운 경제체제로서 영리를 추구하는 기업이 어떻게 나눔의 문화에 기여할 수 있는지를 말한다. 이러한 공유경제는 다음의 3가지의 방식으로 인간과 자연에 대한 사랑을 실천한다. 첫째, 재화와 상품을 임대 및 대여하거나 단기 서비스를 제공해 임시적으로 공유한다. 둘째, 물물교환 및 중고거래를 통해 자원을 재활용하고 재분배하여 장기적으로 공유한다. 셋째, 제품을 생산할 때 아이디어를 협력하거나 자금을 협조하는 등 선택적으로 공유 및 협업한다.

공유경제의 사례로 부각된 것들 중 최근 TV광고에도 많이 나오는 예로 카 쉐어링(Car Sharing)서비스가 있다. 이 사업은 지방자치단체와 KT, SK, 현대 등이 공동으로 합작하여 사회적 기업의 형태로 운영하며 그 이윤을 사회에 분배하는 형식이다. 기업이 국민의 행복과 복지를 위해 자신들의 경제적 이익을 분배하려는 시도는 다분히 긍정적인 효과를 양산한다. 그 결과 기업의 이미지가 상승하고 기업의 경제적 가치 또한 상승한다. 그러나 사회적 기업은 일반 서민들의 경제적 빈곤을 채워주기에는 아직 역부족이다. 이런 자각 하에 주부들과 청년들, 실업자들 중심으로 공유경제의 원리를 통한 다양한 노력들이 경주되고 있다.

2000년 미국 보스턴 케임브리지 대학가에서 12대의 차로 시작한 차량공유업체 집카(ZipCar)는 로빈 체이스와 안체 다니엘슨이라는 두 여성에 의해 창립되었다. 집카는 2013년 6월 기준으로 전 세계에서 1만대의 차량과 81만 명의 가입자를 둔 기업으로 성장했다. 집카는 25달러의 가입비만 있으면 저렴한 비용으로 필요한 때에 차를 이용할 수 있는 서비스다. 또 공유경제로 유명한 서비스로 "에어베드 앤드 블랙퍼스트"가 있다. 에어비앤비(AirBnB)는 남는 방을 공유하는 서비스로 도시와 지방을 연결하거나 외국으로 여행을 떠나는 사람들에게 큰 인기가 있다. 타지에서 저렴한 가격에 방을 얻을 수 있는 것이 경제적으로 큰 이익이다. 에어비앤비는 2013년 8월 전 세계 192개국, 약 3만 5,000개 도시에 35만 개가 넘는 지역 주민들의 집을 네트워크로 거느린 세계 최대 숙박시설 공유업체가 되었다. 그리고 집을 소유하지 않고 협동조합에 가입하여 일정기간 동안 저렴한 돈으로 집을 렌트하는 방식의 숙박시설 공유업체들도 많은 사람들에게 인기를 얻고 있다.

대한민국의 수도 서울은 2012년 9월 '공유도시'를 선언했다. '공유도시허브'라는 온라인 사이트를 개설하고 비영리단체와 법인, 벤처기업을 대상으로 공유단체 및 공유기업 인증제를 실시하고 있다. 대표적인 국내의 공유업체로 '열린 옷장 프로젝트'가 있다. 이것은 평소 입지 않는 정장을 기증 받아 청년 구직자에게 빌려주는, 방식으로 시중의 대여업체보다 50~80% 가량 저렴하다. 이외에도 아기 옷을 공유하는 '키플', 국민도서관으로 책을 공유하는 '책꽂이', 학교나 회사 근처에서 집밥을 선사하는 '소셜다이닝 집밥', 외국인 홈스테이 '코자자' 등 공유경제를 실천하는 곳이 증가하는 추세다.

사회적협동조합(Social Cooperative)

대안경제로 더욱 관심을 끌고 있는 것, 바로 협동조합 운동이다. 협동조합은 크게 소비자협동조합, 사업자(생산자)협동조합, 노동자

협동조합, 금융협동조합, 사회적협동조합으로 나눌 수 있다. 그 중에 사회적협동조합은 사랑의 경제에서 추구하는 목표와 맥을 같이하는 시스템을 갖고 있다.

2009년 11월 제네바에서 열린 '사회적협동조합'에 관한 세계기준을 살펴보면 다음과 같다. "첫째, 공공이익의 목적. 둘째, 비정부적 성격. 셋째, 다중이해관계자 조합원 구조. 넷째, 노동자 조합원의 상당한 대표성. 다섯째, 잉여의 무배분 혹은 제한된 배분." 따라서 사회적협동조합은 공익성을 추구하는 것을 목적으로 '잉여'를 조합원에게 배분하지 않고, 지역사회의 재생과 지역경제의 활성화, 지역 주민들의 권익과 복리 증진 및 취약계층의 복지 의료 환경을 개선하는 데 사용한다.

장종익 교수는 "협동조합 비즈니스 전략"에서 협동조합의 기여를 다음과 같이 정리한다. "첫째, 경제적 약자들의 경제적 안정 및 번영과 시장의 공정성을 실현. 둘째, 질 좋은 고용의 창출 및 유지와 기업 내 민주주의 실현. 셋째, 지역 사회에서의 협동과 연대의 사회경제적 관계 창출. 넷째, 자본주의적 시장경제와 독립된 공동체적 경제의 구축. 다섯째, 자본주의를 대체하는 협동조합공화국 건설." 그러나 2014년 현재까지 넷째와 다섯째는 거의 실현하지 못했고, 둘째와 셋째는 부분적으로 실현되었으며, 첫째는 상당히 많은 국가 및 지역에서 달성됐다고 말한다.

한국에서도 협동조합이 대안적 경제체제로서 인기를 얻고 있다. 특히 소비자협동조합 안에서 생필품공동구매협동조합이 큰 인기가 있다. 1980년대 후반부터 유기 농산물의 공동구매 사업을 실시한 한살림과 아이쿱(icoop)생협, 두레생협, 행복중심생협은 2012년 말 현재 공급액이 7,111억 원에 달하고, 조합원수가 67만 명에 이르며, 전국에 129개의 생협이 활동하고 있다. 이들 중 아이쿱은 다른 생협보다 조금 늦은 1998년에 시작했지만, 2012년 말 1,468명의 인원으로 성장할 만큼 대단한 혁신을 이루었다. 그 이유는 친환경적이고 안전한 먹거리에 대한 소비자의 수요 증대에 대해 효과적으로 대응했기 때문이다. 제도적으로는 조합비 제도를 통해 협동조합의 단점을 보완하고 조합원의 차입금 제도(크라우드 펀딩)를 통해 아이쿱의 출자금 부족 문제를 해결하였다. 그 결과 품질 좋고 저렴한 가격으로 친환경 농축산물을 소비자에게 공급할 수 있게 되었고 더불어 더 많은 사람들에게 사회적 일자리를 창출하는 결과를 낳았다.

사회적협동조합은 먹거리 뿐만 아니라 의료, 육아, 교육, 노인 돌봄 등의 분야에서도 사랑의 경제를 실현한다. 가령, 의료협동조합은 일자리가 없는 의사들이 협동조합을 구성하여 만든 조합이다. 그들은 협동조합을 통해 스스로의 일자리를 창출해서 건강한 의료서비스의 제공을 위해 서로가 협업할 수 있는 장을 마련하였다. 협동조합에 가입한 의사들은 자본의 논리와 요구에 따라 의술을 펼치지 않고, 환자중심의 의료행위를 목적으로 예방과 보건을 위해 최선을 다한다. 그리고 경제적으로 어려운 환경에 있는 사람들에게 양질의 의료혜택을 주기 위해 봉사와 기부도 아끼지 않는다. 이런 정신을 계승한 의료협동조합들 중에서 사회적협동조합의 형태로 발전한 사례들도 많다. 그 중에 경기도 안성에 위치한 '안성의료복지 사회적협동조합'이 있다.

안성의료생협의 장점은 과잉진료를 하지 않는다는 것이다. 의료보험공단은 경제적 이윤의 가치에 따라 과잉진료가 진행되는가를 심사하고 있다. 증상에 따라 다르겠지만 의사들은 감기만 걸려도 유아와 어린이에게 항생제를 투여하는 것에 거리낌이 없다. 종합병원에 입원하면 기본적으로 실시하는 검사들이 너무도 많다. 그 부담은 고스란히 환자에게로 돌아온다. 독일의 경우 감기로 인해 병원을 방문하면 초진일 경우 십중팔구 약을 처방하지 않고, 일상생활에서 감기를 극복할 수 있는 '생활처방전'을 발행한다. 차와 운동, 먹거리를 통해 병을 극복할 수 있는 방법을 제시해 줌으로써 국가의 의료예산 낭비를 막고 국민의 면역력 체계도 건강하게 지켜준다.

안성의료생협도 마찬가지다. 이 병원의 항생제 처방률과 주사제

처방빈도는 대한민국 평균의 20%에 불과하고, 환자의 진료 부담금도 전국 평균보다 낮다. 안성의료생협은 환자중심의 믿을 수 있는 의료 서비스와 주민의 건강자치역량 강화 및 취약계층에 대한 보건의료 복지서비스를 제공하는 것을 목적으로 한다. 경제적 이윤의 논리에 따라 운영되는 병원들과는 확연한 차이가 있다. 안성지역에 속한 많은 사람들이 이 의료협동조합에 조합원으로 가입하고 있고 2013년에는 5,000가구로 성장했다. 인구로는 1만 3천 명이 조합에 포함되는데 이는 안성시 인구의 약 7%에 해당한다.

여성들의 경제활동이 높아지면서 '공동육아협동조합'도 성장했다. 1994년 설립된 '신촌 우리 어린이집'이 공동육아협동조합의 효시다. 2010년 60개의 어린이집과 11개의 방과후교실이 협동조합으로 운영되고 있고 보육서비스를 받는 유아와 아동이 1,800명이다. 서울시 마포구에 위치한 성미산 마을 협동조합은 육아와 어린이, 노인, 장애우에 대한 협동조합이 조직적으로 구축된 마을이다. 부부의 맞벌이가 많아지면서 안전하게 육아를 맡길 수 있는 시설이 필요하다. 또한 장애인과 노인들을 위한 시설도 절실하다. 이러한 일들을 국가가 감당하지 못하고 있기 때문에 성미산 주민들이 함께 이루었다.

'성미산마을협동조합'은 다음과 같은 일들을 시행하며 꿈을 꾸고 있다. 먼저 돌봄과 복지의 측면에서 육아, 어린이, 노인, 장애우, 지역소외계층을 돌보는 일과 의료자치를 시행하고, 마을 사람들의 관계 증진을 위해 대안학교, 마을극장, 교육문화네트워크, 도서관, 동아리 등을 운영하고 있다. 또, 경제민주주의를 위해 먹거리, 금융, 대체생활용품, 주택, 휴식공간, 지역통화 등의 사업을 실시하고 있으며, 시민단체, 풀뿌리정치네트워크 및 성미산 지키기, 생태마을 만들기, 도시계획, 에너지절약 등을 통해 건강한 환경을 조성하려고 노력한다. 성미산마을은 협동조합과 일공동체, 사회적기업, 계, 각종 위원회 등을 조직하여 협동조합의 장점을 최대한 이끌어내고 있다. 2000년 300가구로 시작한 성미산마을협동조합은 2010년에는 4천 가구 규모로 성장했고, 마을에서 전업으로 일하는 사람 또한 약 100여 명에 이르게 되었다. 그 결과 마을 주민들이 문화의 생산자이자 동시에 소비자인 프로슈머의 주체로 변화되었다.

대안경제의 새로운 패러다임인 사회적협동조합은 '공익'을 목적으로 형성된다. 기업과 개인의 이익증진보다 "더불어 사는 따뜻한 사회"를 만드는 데에 다양한 형태로 기여하는 시민들이 참여하는 협동조합이다. 세계적으로는 포르투칼의 사회적연대협동조합과 캐나다 퀘벡의 연대협동조합, 프랑스의 공익협동조합이 대표적으로 운영되고 있다. 한국에서도 성미산마을공동체와 같은 마을공동체 증진을 위한 사회적협동조합이 늘고 있는 추세다.

대표적으로 마을의 문화예술 증진을 목표로 하는 '자바르테'가 있고, 유기농법의 확대와 로컬푸드 생산 및 소비 확대를 위해 설립된 '아산제터먹이사회적협동조합'이 있다. 또 핵 없는 안전한 사회를 위해 대안 에너지 생산 시설을 만들어가는 '햇빛발전협동조합'이 있고, 중고등학교 매점을 안전한 먹거리로 만들려고 시도하는 '교육경제공동체사회적협동조합'도 있다.

장애인을 위한 '연리지장애가족사회적협동조합'은 2013년 1월 29일 총 119명의 발기인이 모여 1,889만 원의 출자금으로 창립되었는데, 2013년 말 창립된 지 1년 만에 조합원 수가 150명으로 늘어났고, 출자금액도 3,500만 원으로 불어났다. 이와 같이 사회적협동조합의 긍정적인 면이 서민들의 삶에 생명을 불어넣는 결과를 가져다주고 있다.

지역통화 시스템(Local Currency System)

대안경제의 시스템으로 교회와 그리스도인이 숙고해야 할 또 하나의 경제 패러다임이 있다. 이 시스템도 사회적협동조합과 마찬가지로 공유경제의 원리를 따라 물건을 통용하고 나눠 쓰며 생명을 살리는 일에 좋은 영감을 불어넣어 준다. 그것은 바로 지역통화시스템 (local currency system)이다. 지역통화(local currency)는 "인간의 얼굴을 한 돈"이라고 불린다. 그만큼 인간중심적이고 관계중심적인 경제시스템이다. 지역통화에는 여러 종류가 있다. 하지만 '이사카 아워', '타임달러', 'LETS', 'WIR', '꾸리찌바 머니' 등이 대표적으로 상용되는 시스템이다.

첫째, 이사카 아워(Ithaca Hours)는 1991년 폴 글로버(Paul Glover)에 의해 뉴욕의 '이사카'라는 인구 3만 명의 소도시에서 시작되었다. 이사카의 지역통화는 '이사카 교환은행'에서만 발행하고 이 지역 내에서만 사용할 수 있다. 한 시간의 노동을 기준으로 하여 10달러를 기본단위로 한다. 이 시스템에 가입한 회원들은 지역통화신문에 자신이 할 수 있는 일과 제공할 수 있는 물건의 목록을 게재한다. 그렇게 함으로써 자기들이 어떤 물건을 갖고 있고, 어떤 서비스를 할 수 있는지를 알린다. 가령, 이사카 아워 신문에 "동물 돌보기, 세탁, 미용, 의료, 수선, 설비" 등 다양한 종류의 서비스와 물건을 광고할 수 있다. 이사카 은행은 처음 가입한 회원에게 40달러 가치의 이사카 아워를 발행한다. 그리고 나면 회원들은 인쇄된 이사카 아워를 사용하여 서로 서로 필요한 서비스를 사고 판다. 이 지역통화의 수용이 넓어짐에 따라 지역통화만으로도 상품을 구입하거나 집세를 지불하고 음식점을 이용할 수 있게 되었다. 1995년 가입회원 수가 1,500명(250개 사업체 포함)에 이르고, 그밖에도 미국의 20개가 넘는 도시에서 운영되고 있다.

둘째, 타임달러(Time Dollar)는 1986년에 법률학 교수인 에드가 칸(Edgar Cahn)이 고안한 지역통화다. 이 통화제도는 미국 전역의 200단체, 5만 명이 참가하고 있는 시간예탁제도로, 참가자 사이에 서비스 시간을 교환하는 시스템이다. 1986년 미국의 6개 지역에서 시작했는데, 1995년 이후에는 38개 주에서 이 제도를 시행하고 있다. 타임달러란 "한 회원이 이웃 노인의 장보는 일을 도와준 경우, 그에 대한 서비스 봉사 점수를 쌓고, 나중에 자신이 도움이 필요한 경우 저축한 타임달러를 지불하고 제도관리소에 봉사 받을 것을 요구할 수 있는 제도"다. 이 제도는 물품의 교환거래는 취급하지 않고 서비스만 교환하는 제도다. 이사카 아워와 달리 유형의 통화가 아닌 노동시간을 교환하는 시스템이다.

셋째, 레츠(LETS:Local Employment and Trading System)는 캐나다 밴쿠버 섬의 코목스 밸리에서 마이클 린턴(Michael Linton)에 의해 만들어진 화폐교환 및 노동력 교환 시스템이다. 레츠는 주민 각자가 필요할 때마다 상품과 노동의 교환과정에 참여함으로써, 끊임없이 스스로 돈을 창출해 내거나 재흡수한다. 레츠의 거래단위는 '녹색달러'라는 무형의 통화다. 녹색달러는 종이나 컴퓨터에 기록된 거래기록으로만 존재한다. 녹색달러의 채무자는 화폐가 아니라 다른 회원에게 물품이나 노동을 제공함으로써만 채무를 변제할 수 있다. 거래는 지역공동체 내에서 가입회원들 사이의 교환으로 이루어진다. 녹색달러는 이자가 붙지 않는 것이 특징이다. 그 이유는 레츠시스템이 부의 축적이나 가치증식의 수단이 아니기 때문이다. 무엇보다도 레츠는 경제적으로 어려움을 겪는 사람이 생활의 기본욕구를 충족시킬 수 있는 뛰어난 '기술'이라고 할 수 있다. 레츠는 돈이 없다고 해서 좌절할 필요가 없다. 자신이 누군가에게 도움을 주는 작은 실천만 있으면 가능하다. 가령, 아기나 환자, 노인을 돌보거나 정원 및 텃밭 가꾸기를 대신함으로써 그 대가를 받을 수 있다. 그러면 다른 사람으로부터 동일한 서비스나 물건을 얻을 수 있는 자격을 갖게 된다.

레츠는 비영리사업이다. 이윤을 추구하지 않는다. 강제로 거래하지 않는다. 회원의 정보는 공개를 기본으로 한다. 서로 간의 신뢰가 바탕을 이루어야 하기 때문이다. 레츠의 거래단위는 국가통화의 가치와 동일하다. 그러나 이자는 붙일 수 없다. 그리고 회원 간의 평등한 교환을 위해 노동의 대가는 회원들이 투자한 노동시간에 비례하여 거래단위를 책정한다. 레츠의 장점은 자신에게 잠재된 기술과 지혜가 있음에도 불구하고 현금이 없다는 이유만으로 "쓸모 없는 사람"으로 취급 받던 실직자, 노인, 저소득층의 사람들이 "쓸모 있는 공동체의 구성원"으로 변화한다는 점에 있다. 레츠는 지역사회, 혹은 공동체에 경제적 부와 사회적 관계회복, 그리고 환경보존의 결과를 맛볼 수 있게 한다. 더불어 "회원 간의 얼굴을 아는 교환"이라는 제도의 특성상 지역주민간 상호이해와 연대감을 형성할 수 있다.

레츠는 선진국을 중심으로 전 세계에 걸쳐 적어도 2,000개의 시스템으로 운영되고 있다. 캐나다와 뉴질랜드의 '녹색달러', 영국의 '조개껍질', '도토리', '참나무', '솔렌트', 오스트레일리아의 '자패', '에코', '파도', '새앙쥐', 한국의 '한밭' 등이 대표적인 레츠다. 한밭레츠는 1999년 대전에서 회원모집을 시작으로 2000년 2월 1일 창립되었다. 한밭레츠는 '두루'라고 하는 가상의 지역통화를 사용하고 있는데, 2013년 기준 회원수가 657가구에 이르고, 거래는 1만 7,308건, 거래규모는 381,458,755원(1,000두루=1,000원)에 다다르고 있다.

넷째, 비어(WIR)는 현존하는 지역통화 중 가장 오래된 제도다. 비어(WIR)는 독일어로 '우리'라는 뜻이다. 77년의 역사를 가진 비어는 스위스의 취리히에서 1934년에 버너 지머멘과 폴 엔츠에 의해 협동조합으로 설립되었다. 비어는 현재 중소기업의 20%가 사용하고 있을 정도로 공인된 지역통화다. 비어은행은 바젤의 본점 외에 5개 지점이 있으며, 지역통화 상품 카탈로그를 연 4회 발행하고 있다. 또, 1995년에는 카드시스템을 도입하여 전자결제도 가능한 상태로 성장했다. 비어는 1936년에는 스위스 은행법에 근거하여 은행으로 개조되었지만, 동시에 LETS와 같은 식의 거래도 지속적으로 행하고 있다. 현재 참가자가 8만 명에 달하고 연간거래가 20억 달러가 넘는다. 중소기업을 상대로 지역통화가 거래되고 있고, 저리의 융자 프로그램도 시행하고 있다. 비어는 국가통화인 스위스 프랑과 1:1로 교환할 수 있다.

다섯째, 꾸리찌바 머니(Curitiba Money)는 브라질의 소도시 꾸리찌바에서 발행한 지역통화다. 꾸리찌바(Curitiba)시는 브라질 남부에 위치한 도시다. 세계적으로 환경보존이 가장 잘된 도시로 꼽힌다. 도시 내 공원녹지 비율이 세계 2위, 교통정책 만족도 세계 1위를 자랑한다. 꾸리찌바는 브라질의 국가통화와 지역통화를 함께 사용한다. 꾸리찌바는 1980년대 후반부터 쓰레기 문제를 해결하기 위해 "쓰레기는 쓰레기가 아니다."라는 슬로건으로 녹색교환 프로그램을 실시하였다. 쓰레기를 가지고 오면 쿠폰을 나누어 주고, 쿠폰으로 "버스표와 학용품, 식료품, 생활용품" 등과 교환할 수 있도록 하였다. 이 지역통화의 시행으로 재활 가능한 쓰레기를 수거하고, 저소득층의 소득을 보조하며, 어려서부터 재활용의 소중함을 배우게 하는 환경교육의 효과를 거두게 되었다.

프라우트 시스템(Prout System)

20세기 후반에 들어와서 세계의 경제학자들은 자본주의 시장경제의 대안으로 프라우트제도(Progressive Utilization Theory)를 제시하였다. 이 이론은 인도의 경제학자 사카르(Sarkar)에 의해 세계적으로 알려졌다. 프라우트는 "개개인이 다른 사람들을 착취하지 못하도록 하면서 스스로의 복지를 최대한 증진시킬 수 있도록 하여, 물질적인 면에서 개인과 전체가 공동으로 성장하는 것을 목표로 한 제도"다.

프라우트의 5대 기본원칙은 다음과 같다. 첫째, 개인은 소속 공동체의 허락이나 승인 없이 물질적 부를 축적해서는 안 된다. 지구의 물질적 자원은 한정되어 있다. 그러므로 사재기나 남용은 다른 이들의 기회를 감소시킨다. 생산적인 투자가 아닌 투기를 위한 부의 축적이나 사용을 금지한다. 인간은 창조주로부터 받은 자원을 축적하고 남용하는 것이 아니라 활용하고 나누는 권리를 행사해야 한다.

둘째, 모든 물질과 정신, 영적인 가능성을 최대한 활용하고 합리적으로 분배해야 한다. 자본주의 시장경제에서 기업은 이윤을 위해서라면 사회적 비용이 발생하는 외부효과를 무시하고서라도 재생 불가능한 자원을 임의대로 소진한다. 그 결과 환경의 파괴와 자연재해에 대한 물질적 피해가 고스란히 국민들에게 전가되고 만다. 이러한 것을 막기 위해 최대한 합리적 분배를 시행해야 한다.

셋째, 개인과 집단이 가지고 있는 물질과 정신, 영적인 잠재력을 최대한 활용해야 한다. 건강한 사회가 건강한 개인을 길러내듯이 건강한 개인이 건강한 사회를 창조한다. 개인과 집단이 서로 상호 공유될 수 있도록 노력한다. 진정한 행복은 이기심을 극복하고 남을 위해 선행을 행하는 데서 비롯된다. 그리고 개인과 집단의 이익이 균형을 이루기 위해 지속적으로 교육하고 경제적으로 바른 의식을 갖도록 노력해야 한다.

넷째, 물질과 정신, 영적인 잠재력을 활용할 때는 이들 상호간에 적절하게 조정을 해야 한다. 지구의 자연환경과 자원을 사용할 때에는 그것을 이용하는 데에 신중을 기해야 한다. 인간과 자연이 더불어 공존하는 방식을 선택할 수 있어야 한다. 자본의 논리에 따른 이윤에 대한 단기적인 욕구는 미래 세대와 지구의 장기적 필요성과 반드시 균형을 이루어야 한다.

다섯째, 경제적 시스템을 적용할 때에는 시간, 장소, 사람에 따라서 유연해야 하며, 그 활용은 퇴보가 아니라 발전적이어야 한다. 프라우트 모델은 고정된 것이 아니라 역동적인 일련의 원칙을 가지고 있다. 각 지역의 위치와 문화가 지닌 수많은 예외조건들을 충분히 고려하면서 대안경제의 시스템을 적용해야 한다. 기술의 발전은 새로운 것을 창조하기도 하지만 기존의 문화를 파괴하는 능력도 가지고 있기 때문이다.

프라우트는 위에서 열거한 5가지의 원리를 따라 경제민주주의를 실천하기 위해 다음의 4가지를 제안한다. 첫째, 사람들 모두에게 최저생계 유지와 기본적인 안락함을 느끼는 데 필요한 것들을 제공함으로써 빈곤으로 인한 절망으로부터 해방시켜야 한다. 둘째, 사람들은 기본적인 물질을 가지고 구매하고 싶은 것을 구매하며 삶의 질이 향상되고 있음을 느껴야 한다. 셋째, 지역주민들의 삶에 직접적으로 영향을 미치는 모든 경제적 사안을 스스로 결정할 수 있도록 해야 한다. 넷째, 외부의 힘이 지역경제를 통제하는 것과 자본이 지역 외부로 유출되는 것을 방지해야 한다. 다국적기업의 할인매점과 체인 음식점들이 지역에서 벌어들인 돈을 모두 외지의 주주들에게 분배하는 것을 경계해야 한다.

프라우트 시스템은 특별히 "소규모의 개인사업을 하는 사람들을 위해 불필요한 행정절차나 비용 없이 사업 등록을 할 수 있게 장려해야 한다."라고 주장한다. 우리가 알고 있는 그라멘 은행이 그러한 일들을 수행했다. 세계의 대안 은행들 중 방글라데시의 그라멘 은행(Grameen Bank)은 경제학자 무하마드 유누스(Muhammad Yunus)에 의해 설립되었다. 그는 은행의 일반적 기준과 신용등급제도의 틀 안에서 돈을 빌릴 수 없는 가난한 사람들이 많다는 것을 직시했다. 그리고 "어떻게 하면 그들이 저축하고 적은 액수라도 은행돈을 빌려서 자립과 경제적 활동을 시작할 수 있는가?"에 대해 고민했다. 그 결과 1992년 말 그라멘 은행 협동조합은 방글라데시의 가장 가난한 사람들 가운데 1,400만 명의 회원을 갖고 있는 은행으로 성장했다. 특이한 것은 그 중 93%가 여성이다. 여성들이 약 5만 개의 지역에서 조직화되었고, 그것들은 각각 6~10개의 지역 금고집단을 형성했다. 약 4억 7천 5백만 달러가 작은 단위의 대여금으로 나갔으며, 그 중 98%가 2년 만에 회수되어 돌아왔다. 저리의 대출을 통해 15만 7천 가구의 빈민지역의 집들이 새롭게 바뀌었고, 아이들이 학교에 다니게 되었고, 좀 더 나은 음식과 의복을 먹고 입을 수 있게 되었다.

직장이 없고 신용이 없는 사람에게는 일상적인 경제적 삶을 살기 위해 필요한 것들이 존재한다. 그것은 미래에 대한 꿈과 그 꿈을 실현할 수 있는 최소한의 경제적 지원이다. 그런데 저리의 돈을 빌려가는 대신 일정시간의 교육을 받아야 한다. 대출에 대한 취지와 정신 교육은 돈을 빌리는 사람들에게 책임감을 심어준다. 돈을 빌려갈 때 어떻게 갚을 것인가를 생각하게 하는 이유는 자신과 같은 처지의 사람들에게도 동일한 기회를 줄 수 있다는 책임감을 심어주기 위해서이다. 그라멘 은행은 가난한 자들에게 저리의 대출을 시행하고 협동조합의 취지와 정신을 교육하였다. 교육을 이수한 사람들은 최소한의 사업을 통해 최저생계를 유지할 수 있는 길을 얻었고, 열심히 일한 덕분에 원금을 갚을 수 있는 시간도 찾아왔다.

프라우트 시스템은 또한 "규모가 큰 기간산업은 공기업에 의해서 공익을 목적으로 경영되어야 한다."라고 주장한다. IMF는 국가의 기간사업을 민간 투자가에게 팔게 하는 이른바 민영화 정책을 요구한다. 국가의 기간산업인 석탄, 석유, 전력, 도로, 항만, 철도 등은 국민의 세금으로 국가가 공익을 위해 운영해야 한다. 하지만 국가의 재정이 없다고 해서 이것을 민간 자본 혹은 외국 자본에 맡기면 나라의 근간이 흔들리는 결과를 초래한다. 외국자본이 한 국가에 들어와서 해당 국가의 자본과 노동력을 잠식해가는 것은 어제오늘의 일이 아니다. 하지만 이것을 바로 알고 대처하지 못하면 큰 어려움을 당하게 된다.

프라우트에서는 생명력 있는 경제를 꾸릴 수 있는 경제지역을 설정한다. 각 지역은 최고 10만 명의 인구가 있어야 한다. 그리고 발전 정도가 비슷한 지역이나 국가들 간의 공정무역을 통해 경제적 발전을 이룬다. 통제되지 않은 자본주의의 결점은 다름 아니라 저개발 국가나 지역의 원자재와 자본이 그 지역에 거주하지 않는 사람들에게 빠져나가기 때문이다. 반면에 지역경제는 도시 거주자들을 지방의 새로운 일자리로 끌어들이고, 지역의 자본을 외부로 유출시키는 것을 방지하며, 소도시와 농촌을 높은 생활수준과 질 좋은 삶의 장으로 변화시킨다.

대다수의 서민들이 질 좋은 삶을 살기 위해서는 무엇보다 안정된 집이 있어야 한다. 프라우트는 집의 수급문제에 대해서도 각 지역에 주택위원회를 구성할 것을 제안한다. 서민들을 위한 주택위원회는 지역의 기후와 문화에 적합한 자재와 기술을 통해 생태적인 집을 건설한다. 또한 집이 없는 사람에게 적절한 주택을 공급하기 위해 협동조합은행이 저금리로 융자를 내어준다. 그리고 지방에서 올라온 학생이나 임시 거주자에게 방을 빌려줄 수 있도록 주택위원회가 조정의 역할을 한다.

현대의 자본주의 시장경제는 석유와 금의 가치를 화폐로 대신하여 교환하는 시스템이다. 그렇다면 경제가 어려워 돈과 금과 달러가 없는 가난한 사람들은 어떻게 경제적 삶을 살아야 하는가? 그 해답은

'물물교환'에서 찾을 수 있다. 현대에 무슨 구시대적 착상인가 생각할지 몰라도 실제로 경제적 위기를 물물교환으로 극복한 사례가 있다. 1999년 아르헨티나가 IMF의 구조조정 정책의 영향 때문에 심각한 경기침체에 빠졌을 때 '물물교환 클럽'이 등장해서 수많은 사람들의 관심을 끌었다. 이 클럽을 통해 아르헨티나 서민들은 생산자 겸 소비자가 되어 '프로슈머'의 경제를 손수 경험했다. 전국적으로 수백만 명의 사람들이 거리의 시장에서 만나서 자신들이 가지고 나온 물건들을 교환했다. 이곳에는 자본주의 시장경제의 교환체제인 달러도, 금도, 석유도 필요하지 않았다. 다만 '신용표'라는 종이로 된 교역단위만이 필요했다. 프라우트는 기본적으로 이러한 물물교환의 경제를 적극적으로 수용하고 장려한다.

　　돈이란 정말 무엇인가? 돈이 없으면 정말로 살 수 없는 것인가? 화폐의 가치는 얼마나 많은 사람들이 인정하고 사용하는가에 따라 효용가치가 달라진다. 1931년 오스트리아 뵈르글(Woergl)에서 지역통화와 관련하여 하나의 사건이 발생했다. 그 마을은 경제적 불황으로 고통을 겪고 있었다. 실업이 심각했고 도시환경은 이곳저곳이 파괴되고 고장 나서 수리가 필요했다. 그러나 주민들은 돈이 없어서 세금을 낼 수가 없었고, 행정기관의 재정 또한 이미 오래 전에 고갈된 상태였다. 이때 뵈르글 시의 시장이 돈이 부족한 시의 현실을 깨닫고 지방은행이 보유하고 있는 국가통화준비금의 보증을 받아 일련번호를 붙인 '작업증서'를 발행하기 시작했다. 이 종이로 만든 작업증서는 즉시 반응을 보였고, 2년 후 뵈르글은 오스트리아에서 가장 번영하는 도시가 되었다. 이 후 300개가 넘는 다른 소도시들도 자신들의 '돈'을 발행하기 시작했다. 프라우트는 돈이 그저 국가통화에만 국한될 필요가 없다고 주장한다. 앞에서도 살펴보았듯이 지역통화를 만들고 사용하는 주체는 사람이다. 사람들이 협력하여 한뜻을 이루고 경제적 난국을 극복하고자 노력한다면, 경제민주주의를 실현할 수 있는 길이 무한히 열려있는 것이다.

마지막으로 프라우트 시스템은 대안경제를 위해 조세의 개혁을 말한다. 특별히 경제적으로 어려운 서민들에게는 세율 부담을 줄여주거나 폐지할 것을 주장한다. 그리고 토지를 소유하거나 경제적으로 부유한 사람들에게는 누진적인 조세를 부과함으로써 조세의 균형을 시도한다.

첫째, 가난한 사람의 개인소득세는 점차적으로 면제하는 방향으로 가야 하고, 가장 높은 소득 계층에 대해서는 조세 부담의 형평성을 진작시키는 취지에서 세율을 높여야 한다.

둘째, 협동조합의 과도한 이윤은 지역의 자선단체에 기부할 수 있도록 법인소득세법을 조정해야 한다. 스페인의 몬드라곤 협동조합은 이윤의 10%를 자선사업에 기부한다.

셋째, 개인소비세(판매세 및 부가가치세) 중 음식이나 약품 같은 필수품에 대해서는 세금을 면제한다. 그러나 준필수적인 재화 및 서비스는 과세해야 하고, 비필수적 재화와 서비스는 가장 높은 세율을 적용해야 한다.

넷째, 자연자원의 사용에 대한 자원세는 매장량과 사회 및 환경에 미치는 부담을 반영하여 정부가 부과해야 한다. 네덜란드와 북유럽의 여러 나라에서는 '생태세' 또는 '그린세'라는 명목으로 환경보호를 증진시키는 조세제도를 시행하고 있다.

다섯째, 부의 상속세는 누진적 부유세를 적용해야 한다. 미국은 현재 자손에게 부를 양도할 경우에 35%의 세율을 부과한다.

여섯째, 토지세는 부유한 사람들이 더 가치 있는 땅을 소유하므로 더 많은 세금을 누진적으로 부과한다. 토지가치를 투명하게 하는 토지공개념제도를 도입하여 토지투기를 줄이고 토지를 통해 얻은 일정금액 이상을 지역에 기부할 수 있도록 한다. 그 구체적 방법으로 프라우트는 '토지가치흡수' 제도를 제시한다. 토지에서 나오는 지대세를 파악하여 그 세수를 사회적 목적과 필요를 위해 사용한다면, 투기 목적 또는 부동산 투자 목적을 위해 토지를 보유함으로써 발생하는 이윤이 더 이상 가능하지 않게 된다.

일곱째, 국민건강에 해로운 상품인 담배나 주류에 대해서는 높은 세율의 특별목적세를 적용한다. 좋은 것이 아니라 나쁜 것에 세금을 매기는 운동이 절실하다. 프라우트는 "이런 상품에 대해서 생산자나 판매자에게 광고를 허락하지 않거나 판매로부터 수익을 내지 못하게 해야 한다."라고 말한다. 여기서 거둔 세금은 보건제도에 대한 지원 자금으로 사용한다.

마이클 린튼(Michael Linton)은 "화폐란 인간의 노력을 배치하는 정보시스템"이라고 정의한다. 만일 현존하는 화폐 시스템이 인간이 생산할 수 있는 가치를 제대로 전달하지 못한다면, 그 시스템은 망가진 것이라고 할 수 있다. 자본주의 시장경제 하에서 이미 신격화된 '돈'과 그 돈을 활용하는 운영체제는 제대로 작동하지 않은지 오래다. 사랑의 경제, 생명의 경제는 이런 망가진 시스템을 극복하고 새로운 경제적 대안을 모색한다. 공유경제와 지역경제, 지역통화와 프라우트 시스템은 사람들이 스스로를 돕도록 힘을 주고, 지역공동체를 재건하며, 놀고 있는 자원과 기술을 지역주민을 위해 유용하게 쓸 수 있도록 만든다.

사랑의 경제는 앞에서 살펴본 대안적 경제 시스템들에서 많은 것들을 착안하여 교회와 그리스도인이 실행할 수 있도록 돕는 경제다. 첫째, 사랑의 경제는 사람들의 인격적인 상호 의존관계를 기본 축으로 하며 예수 그리스도의 사랑의 이념에 부합하는 경제활동을 한다. 둘째, 사랑의 경제는 경제활동의 순환성을 강조한다. 생명의 본질은 유기체적인 순환이기 때문에 생명의 유지와 재생산을 뒷받침하는 경제활동은 순환성을 그 기준으로 해야 한다. 즉, 사랑의 개념을 가지고 소비의 주체와 생산의 주체가 분열되지 않고, 서로 간의 협력을 통해서 대안 경제 시스템을 구축한다. 셋째, 사랑의 경제는 교회 주변의 어려운 이웃들과 지속적인 만남을 통해 물건과 노동력을 나누어 쓰는 연결자의 역할을 한다. 넷째, 사랑의 경제는 물질만능주의를 배척하고 과도한 소비주의를 비판하며 지역사회에 선교적 사명을 감당한다. 다섯째, 사랑의 경제는 대안 경제의 주체로서 지역에 네트워크를 형성하고 지역통화의 개념을 실천할 수 있는 길을 모색해야 한다.

모네타
Moneta

5장

—

이웃과 함께
더불어 사는 삶

소통과 단절

돈이 지배하는 사회 속에서 그리스도인에게 가장 가치 있는 것은 무엇인가? 이 질문은 책의 서두에서 제기한 가치의 물음에 대한 대답을 요구하는 물음이다. 필자는 여전히 "참 가치는 하나님을 사랑하고 이웃을 사랑하는 것이다."라고 생각한다. 나 아닌 이웃을 사랑하는 삶이 그리스도인의 삶이다. 교회와 그리스도인은 이것을 깨닫고 사회 속에서 선교의 삶을 살아야 한다. 그렇게 살기 위해서 가장 시급한 것은 사람과 사람의 소통이 아닐까 생각한다. 이 책을 읽은 독자들은 나눔의 경제, 절제의 경제, 사랑의 경제를 실천하기 위해서 다른 이들과 만남을 시도해야 한다. 그리고 우리가 살고 있는 삶의 환경이 맘몬의 영향으로 오염되고 타락하고 있다는 것을 세상에 알려야 한다. 사탄은 계층과 계층, 공동체와 공동체, 사람과 사람의 단절을 획책하며 그리스도인들이 대화하고 소통하는 것을 가로막고 있다.

현대를 살아가는 그리스도인들에게 가장 위협적인 요소는 바로 "소통의 부재, 연대감의 상실"이라 할 수 있다. 권력자들과 정치가들, 혹은 군주는 백성들 간의 소통을 두려워했다. 조선의 4대 왕인 세종대왕이 위대한 것은 한글을 창제한 것이다. 하지만 더 위대한 것은 모든 백성들이 글을 깨우치고 소통할 수 있도록 소통의 통로를 연 것이다. 일반적으로 권력자들은 백성들이 글을 알면, 글을 통해 신분질서를 위협하는 제도와 봉기가 일어날 수 있기 때문에 글을 통해서 이루어지는 서민들의 소통을 경계했다.

중세의 가톨릭이 멸망한 이유도 여러 가지가 있지만, 그들의 부패를 알고 지적한 백성들이 대두한 결과라고도 볼 수 있다. 그 원인 제공은 바로 누구나 성경을 읽을 수 있도록 성경을 번역한 마틴 루터의 공이 크다. 하지만 루터의 번역도 인쇄술의 발전이 없었다면 대중에게 전달되는 데에 많은 시간이 걸렸을 것이다. 그렇기 때문에 인류 문명의 발전 속에서 가장 위대한 발명이라고 칭하는 인쇄술의 발명 역시 소통의 도구다. 1440년 독일의 구텐베르크(Gutenberg)가 발명한 금속활자와 그보다 70년이 앞선 1374년에 발명한 세계최고(最古)의 금속활자 '고려의 직지심경'은 인쇄술을 통해 보다 많은 사람들의 소통에 이바지했다.

글은 소통의 통로다. 이제는 아날로그적 방식의 종이와 펜이 아닌, 컴퓨터와 각종 디바이스를 통한 디지털 인쇄방식이 소통의 주류를 이룬다. 현대에 들어서 많은 사람들이 소셜네트워크서비스(Social Network Service)에서 소통의 통로를 찾는다. 모바일은 누구나 가지고 다니면서 원하는 장소와 시간에 원하는 상대와 대화를 할 수 있는 혁신을 가져왔다. 인터넷을 통한 "소셜커뮤니티 활동과 인터넷뉴스, 전자서적" 등을 통하여 현대인들은 저마다의 방식으로 소통을 한다.

현대인들의 소통의 힘은 정치, 경제, 사회, 의료, 교육 등 수많은 부분에서 역할과 파장이 크다. 세계의 곳곳에서 일어나는 일들이 삽시간에 인터넷을 타고 전 세계인들에게 전달된다. 예전에는 인터넷에 올라온 수많은 데이터들 중에서 옥석을 가려서 읽어야 했다. 가치 있는 정보가 극히 드물었고 신뢰할 만한 공증도 없었기 때문이다. 하지만 지금은 이런 모든 정보들과 사람들의 '의견제시'가 하나의 데이터가 되어 정치와 경제, 문화의 트렌드를 읽는 '빅데이터(big data)'로 작용한다. 이제 사람들은 빅데이터의 분석과 흐름을 통해 정치적 흐름도 예견하고 경제적 이익도 산출한다. 현대인들은 이제 빅데이터와 소통하기도 하고, 빅데이터에 의해 행동이 규정되기도 한다. 이러한 흐름은 미래산업과 미래의 소통기술의 변화를 가져왔다.

최윤섭은 그의 책 "헬스케어 이노베이션"에서 미래의 다양한 기술발달에 관하여 논한다. 특별히 의료부분에서 향후 5년 안에 이루어질 기술발전이 인간의 삶과 어떤 소통을 형성할지에 대해 주목한다. 특히, 3D 프린터의 기술은 인공관절 등 다양한 형태의 의료분야에 혁신을 가져올 것이며, 개인의 유전자분석이 가능한 유전자정보 기술은 사람들의 과거병력과 예상되는 질환을 알려줌으로써 미래의 불안에 대해 대처할 수 있는 기회를 갖게 되었다. 예전에는 엄두도 내지 못했던 개인의 유전자정보 분석이 지금은 한화로 100만 원이면 개인의 유전자 정보를 얻을 수 있는 시대가 열렸다. 또한 IT기술은 의료분야에 탁월한 동반자로 자리매김을 하며 스마트폰으로 사람의 건강을 체크하고 조절할 수 있게 만들었다. 웨어러블디바이스(wearabledevice)의 시대가 열린 것이다. 인간의 몸 안에 센서(sensor)를 투입하여 자신의 주변 환경과 소통하는 방식이다.

지난 2015년 1월 6일부터 9일까지 미국 라스베가스에서 향후 5년 안에 일어날 인간과 사물(things)의 소통에 관한 전시회가 열렸다. 전 세계의 수많은 나라에서 20여 개의 분야에 3,500여 개 업체가 참가하였고, 관람객 수가 140개국 15만 명에 달했다. 이른바 'CES(Consumer Electronics Show) 2015'가 그것이다. 이 전시회는 향후 5년 안에 상용화될 미래시장의 상품들을 소개하고 전시했다. 전시회의 큰 주제는 바로 '스마트 홈(Smart Home)'이다. 스마트 홈이란 집안에 있는 모든 장치들을 연결하거나 제어할 수 있는 기술을 말한다. 가정의 "TV, 에어컨, 냉장고" 등 가전제품을 비롯하여, "수도, 전기, 냉난방" 등 에너지관련 기기와 "도어록, 감시카메라" 등 보안장치가 센서를 통해 언제 어디서나 통제 가능해진다. 이러한 가전제품과 디바이스들이 인간과 어떻게 소통하며, 인간에게 어떤 편안함을 허락하는지 그리고 어떻게 인간의 통제를 잘 따를 것인지가 전시회의 주목적(solution)이다. 참가한 업체 중에서 스마트홈의 솔루션을 가지고 있는 나라는 단연 미국과 중국이었다.

글과 말, 몸짓, 감정은 인간이 소통할 수 있는 유일한 도구다. 하지만 이러한 소통의 도구들이 과학의 발전과 더불어 다른 형태의 기기들의 힘을 빌리게 되면서 그 파장이 더욱 확대 되었다. 모바일의 등장과 인터넷의 등장은 분명 인류문명의 소통방식에 날개를 달아주었다. 많은 사람들이 서로의 정보를 빠른 시간 안에 공유하고 전달한다. 더 나아가 과학기술의 발전은 인간과 인간의 소통을 넘어서 인간 대 뉴스, 인간 대 모바일, 인간 대 가전제품들과의 소통으로 자연스럽게 넘어간다. 그런데, 이런 변화들이 정말 소통의 변화를 가져온 것인가를 물어야 할 시기가 왔다.

작금의 시대는 소통이 확대되고 빨라졌다고 한다. 사람들은 각종 디바이스를 통해 소통하는 것 같지만 실상은 더 외로워하고, 점점 더 개인적인 삶에 분주하며, 점점 더 이기적인 모습으로 변해간다. 과학기술의 편리함이 인간 대 인간의 만남을 오프라인에서 온라인으로 옮겼다. 사람들이 소통의 공간으로 나와 얼굴과 얼굴을 대면하고,

눈빛과 눈빛을 교환하면서 대화하고, 서로의 몸짓을 통해 느낌을 전달하는 대신에 각자의 공간인 사무실과 학교와 학원, 가정의 방안에 앉아 소통하기를 원한다. 이러한 온라인의 소통방식은 얼굴을 대면하고 대화하는 것 같은 착각을 불러일으킨다. 그러나 실상은 각자의 방 안에 앉아 자기의 주장만을 되풀이하고 만다. 결국 자기로부터 소외되고, 가족으로부터 소외되고, 공동체로부터 소외되면서 소통이 아닌 단절을 경험하게 된다. 이러한 소통은 진정한 소통이 아니다. 소통을 위장한 또 다른 통제의 수단에 자신을 내맡기는 결과에 불과하다.

'CES 2015'에서 단연 인기를 끈 제품은 바로 무인 항공기 드론(drone)이다. 드론은 세미나와 연회, 행사, 뉴스를 실시간으로 보도할 수 있는 기기로 각광받고 있다. 한화로 약 40~100만 원 정도면 아마추어급을 구입할 수 있다. 하지만 한국에서는 아직 드론 개발이 활성화되지 못했다. 드론의 핵심 기술이 바로 센서(sensor)이기 때문이다. 센서를 개발하는 기술에서 한국은 아직 후진국 수준에 머물러 있다. 미국의 센서 기술이 100%라고 가정하면 한국은 15% 정도이고 중국은 20%정도다.

드론은 차세대 기술의 집약체로 향후 일상생활의 저변에 활용될 가능성이 가장 농후한 디바이스다. 하지만 드론의 사용 여부에 관해서는 아직도 논란이 많다. 미국의 경우 주마다 다르지만 드론의 사용이 아직 합법화되지 않았다. 이유는 인간의 사적공간을 무한히 침해할 수 있기 때문이다. 지금은 항공법상 허락된 단체가 미 드론에 줄을 달고 운행하는 것만 허락하고 있다. 드론은 빠르게 뉴스를 전달하는 매개체가 될 수 있고, 택배를 전달하는 역할을 담당할 수도 있다. 사람 대신에 드론이 농약을 뿌릴 수도 있고 화재가 발생하면 불을 진화할 때 사용할 수도 있다. 많은 부분에서 인간의 소통을 대신할 수 있는 기기가 바로 드론이다. 하지만 드론은 악용될 소지가 다분하다. 인간의 기본적 삶을 훼손하거나 감시하는 데 오용될 우려가 있다. "소통이냐? 아니면 감시냐?"의 문제가 발생하는 것이다.

대도시의 어디를 가든 CCTV가 있다. 이것은 범죄를 예방하거나 후속조치를 취하는 데에 효과적으로 사용되기도 하지만, 사람들을 통제하는 수단으로 쓰이기도 한다. 최근에 불거진 어린이집과 유치원, 학교에서의 교사들의 폭력적인 행동을 보면서 CCTV 설치의 의무화가 대두되기도 한다. 하지만 이 시스템은 소통이라는 미명과 감시라는 체제가 혼합되어 인간이 인간을 믿지 못하고 적대적 관계로 돌리는 상황을 연출하기도 한다. 소통을 하고 있지만 분명 단절을 맛보는 사회적 상황이다.

소통을 위해 만들어진 디바이스와 모바일이 이제는 사람을 대체

하는 시대에 접어들었다. 핸드폰과 셀카봉 때문에 골목의 사진사들이 직업을 잃었고, 고속도로의 하이패스 사용이 늘면서 2013년 12월 기준으로 대한민국의 톨게이트 요금수납원 1,639명이 일자리를 잃었다. CCTV와 전자카드출입시스템, 영화관, 야구장, 식당 등의 티켓판매기 등으로 인해 건물관리자와 매점종업원들이 일자리를 잃었고, 현금인출기, 스마트뱅킹 등으로 인해 은행원들이 직장을 잃었다. 앞으로 무인자동차가 개발되면 택시운전자들도 예외가 아닐 것이다. 이외에도 많은 부분에서 컴퓨터와 로봇, 기계가 사람의 일자리를 빼앗는 시대가 도래했다.

결과적으로 시대가 발전하면서 사람들의 소통이 더 잘 이루어지는 것 같고, 함께 연대하며 생활하는 것 같아 보이지만, 인간과 인간이, 사회와 사회가, 국가와 국가가 소통하는 것 같지만 더없이 큰 단절과 분절을 맛보고 있다. 과학기술의 발전은 분명 인간에게 더 나은 삶의 기반을 제공해 준다. 하지만 그 기술의 힘 속에는 경제적 이익이라는 기치 아래 끝없이 인간을 통제하고 관리하려는 자본의 욕망이 내재되어 있음을 알아야 한다.

현대를 살아가는 그리스도인들에게 소통은 무엇인가? 어떤 삶의 방식이 진정한 소통의 장으로 그리스도인들을 이끌 수 있는가? 세상의 물결이 노도와 같이 성나고 유수와 같이 빠른데 무슨 생각을 가지고 이 험난한 자본의 시대를 헤쳐갈 수 있는가? 그것을 위해 그리스도인은 먼저 하나님 나라를 구하며 하나님과 소통해야 한다. "너희는 먼저 그의 나라와 그의 의를 구하라 그리하면 이 모든 것을 너희에게 더하시리라"

그리스도인은 소통을 위해 하나님 나라가 무엇인지 알아야 하고 그 나라를 경험해야 한다. 하나님 나라는 하나님의 통치가 임하는 곳이고, 정의와 평화가 임한 곳이다. 사람이 누군가와 소통하려는 이유는 목적이 있기 때문이다. 소통은 일정한 방향성을 가지고 있다. 동일한 목적을 향해 함께 가는 것이 소통이다. 그리스도인이 일상생활에서 여러 종류의 사물과 사람을 만나고 그들과 함께 소통하고 공유하며 정보를 나누고 대화하는 이유는 오직 '하나님 나라'를 경험하기 위해서다. 만약 이러한 이유가 분명하다면 그 어떤 소통의 디바이스를 사용하거나 혹은 언어와 글, 몸짓으로 소통을 이루거나 할 때에도 그 사이에 분명 사랑과 정의, 평화가 내재할 것이다. 그 소통은 서로를 핍박하거나 시기하거나 미워하거나 감시하지 않는, 정신적 물리적 폭력을 행사하지 않는 소통이다.

그리스도인이 하나님 나라와 소통하기 위해서는 먼저 예수님의 제자로 살아야한다. 제자의 삶은 하나님 나라를 앞당겨서 사는 삶이다. 그것은 우리가 살고 있는 이 세상과 하나님 나라를 동시에 경험하는 삶이다. 세상 사람들은 하나님 나라의 삶을 살지 않는다. 따라서 그리스도인들은 그들을 하나님 나라와 연결시켜주는 소통자의 역할을 담당해야 하고, 돈을 바라보며 살기보다는 하나님 나라를 바라볼 수 있도록 인도하는 선각자의 자세를 가져야 한다. 이렇게 하나님 나라를 소망하는 힘은 우리가 살고 있는 삶의 현장에서 우리의 삶을 변화시키는 힘으로 작용한다. 삶의 변화를 가져오는 역동적인 힘은 바로 하나님 나라를 향한 소망인 것이다. 하나님 나라는 종말에 완성될 나라다. 하지만 현재를 살아가는 그리스도인들이 자신의 삶 속에 하나님 나라를 추구하면서 살 때에 하나님 나라와 의가 앞당겨지는 것이다. 그때에 죽어가는 생명들이 살아나는 역사가 일어난다. 그렇기 때문에 그리스도인들은 하나님 나라와 그의 의를 먼저 구하며 살아야 한다. 그리고 그 나라를 세상 사람들에게 소개하고 그들과 함께 하나님 나라를 나누는 자세를 가져야 한다. 이것이 그리스도인들이 가져야할 소통의 제일원칙이다.

다음으로 그리스도인은 세상 사람들과 소통하기 위해 바른 성품을 함양해야 한다. 예수님은 산상수훈에서 그리스도인의 도덕적 자아와 비전을 제시한다. 사람들은 대부분 온라인에서 소통을 하면서 자신의 말과 행동이 거짓되거나 가식적인 것을 모르고 있다. 블라인드 미팅이라는 인터넷의 속성이 자신도 모르게 거짓된 자아의 형상을 만들고 그 모습을 현실의 자신과 동일시하게 한다. 진정한 소통은 도덕적으로 정직함에서부터 출발하지만 온라인에서의 소통은 출발에서부터 정직하지 못한 모습으로 시작된다. 예수님은 산상수훈을 통해 유대주의의 외적인 행위규범의 준수를 비판하면서 그리스도인의 내면적 성품에 대해 강조하셨다. 이것은 어떤 행위를 "함(Doing)"에서 시작하여 좋은 성품을 가진 "됨(Being)"으로 변화하는 것을 의미한다. 그리스도인의 존재가치가 변화하지 않고서는 정직한 소통을 기대할 수 없는 것이다.

바울은 오직 성령의 역사로 "그리스도인은 새로운 삶의 성품을 경험할 수 있다."라고 강조한다. 성령의 역사는 그리스도인의 삶의 태도와 목적에 변화를 준다. 성령의 9가지 열매인 "사랑, 희락, 화평, 오래참음, 자비, 양선, 충성, 온유, 절제"는 그리스도인을 온전한 인격체로 변화시킨다. 이것은 인간의 행위로 성취되는 성품이 아니라 오직 성령이 내주하심으로 형성되는 성품이다. 이렇듯 성령의 역사 안에서 그리스도인의 존재가치가 변하면 세상 사람들과 정직하게 소통할 수 있게 된다.

소통은 무엇에 가치의 기준을 두느냐에 따라 달라질 수 있다. 하나님 나라에 가치를 두느냐 아니면 돈에 가치를 두느냐에 따라 소통의 방식과 패턴, 결과들이 달라질 수 있다. 하나님 나라에 가치를 두는 소통은 사람과 사람이 함께하며 사랑을 나누는 소통이다. 하지만 물질에 가치를 두려는 소통은 세상의 이치와 논리에 따라 사람과 사람의 관계에 단절을 가져다주는 소통이다. 따라서 하나님 나라의 소통은 "무엇이 옳고 그르냐의 문제"가 아니라 "무엇이 사랑이고 무엇이 정의인가의 문제"다. 이러한 기준을 가지고 소통하는 그리스도인은 대화를 단절시키고 모이기를 폐하게 하는 사탄의 궤계를 파악하고 대비하며, 진정한 소통의 시대에 그리스도인들이 함께 모여 연대할 수 있도록 노력해야 한다. 이를 위하여 그리스도인은 하나님나라와 예수의 제자도에 대하여 '앎', '삶', '맛', '멋'이 있어야 한다.

성결한 그리스도인의 삶

강력한 연대감(solidarity)은 선한 정신에서 나온다. 사람들이 모이면 힘을 발휘할 수 있고 사람들이 한마음이 되면 역사가 변화된다. 하지만 권력자들과 사탄은 사람들이 연대하는 것을 좋아하지 않는다. 오히려 분산시키고 방해하며 모이기를 폐하는 자들의 습관을 좋아한다. 2002년 월드컵에서 한국은 4강의 신화를 거두었다. 그때 많은 젊은 이들이 시청 앞 광장에 모여 한마음으로 응원했던 것을 기억한다. 그들의 응원 덕분에 한국은 놀랄 만한 기록을 세웠다. 하지만 기성세대들은 요즘 젊은 사람들을 향하여 모이지도 않고, 이슈도 없고, 개인적이며, 생각도 없다고 비판한다. 그런데 2002년 당시 젊은이들이 그들만의 힘을 보여주었다. 기성세대들은 그들의 행동에 놀랐으며 그런 응집력을 칭찬했다.

철학자 질 들뢰즈(Gilles Deleuze)는 그의 저서 "천개의 고원"에서 '힘의 작동'에 대해 열거한다. "일정량의 힘은 어딘가로 향하게 되어있다. 그 힘을 어떤 방향으로 어떻게 사용하는가가 중요하다." 들뢰즈는 젊은 사람들을 가리켜 유목민(nomad)이라고 지칭한다. 유목민은 정착하지 않고 그들의 삶의 터전을 향하여 무한히 움직이고 이동한다. 결코 정착하지 않는다. 기성세대들이 볼 때에는 그들의 행보가 불안하고 아직 설익은 사과와 같아 보인다. 반면에 기성세대들은 안정을 필요로 하고, 정착하며 사는 것에 익숙해 있다. 그렇기 때문에 정착하는 삶과 방랑하려는 삶은 대립될 수밖에 없다. 이 대립적 국면이 현대를 사는 기성세대와 젊은 세대의 문화적 배경에 깊이 침투해 있다. 가령, 기성세대는 집을 사서 정착하는 것이 일생의 목적이다. 하지만 젊은 세대는 집을 소유하는 것에 관심이 없다. 그들은 집을 렌트하면서도 자동차를 몰고 다니며, 자신들이 하고 싶은 것들을 유감없이 하려고 한다.

그들은 인터넷이라는 공간을 통해 자신들의 사회적 욕구를 해결하고 이곳 저곳을 서핑하며 돌아다닌다. 이들을 지칭해 '디지털 유목민'이라고 부른다. 자신들이 좋아하는 포털사이트가 마음에 안 들면 다른 곳으로 인터넷 망명을 떠나는 것에도 스스럼이 없다. 하지만 이들의 특징은 한 가지의 이슈가 부각되면 국경을 초월해 어디서든지 단결된 힘을 보여준다는 것에 있다. 개개인으로 보면 특징도 없고, 힘도 없어 보이지만, 그들이 모이면, 그들이 연합하면, 그 힘은 엄청난 파괴력을 가진다. 예를 들면, 총선이나 대선 때 나라의 정치가들을 바꾸는 힘도 가지고 있다. 하지만 이들의 이러한 힘들이 권력자들과 자본의 논리에 따라 오용되면, 심한 경우 폭력적이고 공격적인 양상으로 변질될 수도 있다. 이러한 것을 대중독재(Public dictator-ship)라고 한다. 정치가들은 이들의 이런 힘들을 역이용해 포퓰리즘(Populism)정치를 감행하기도 하고 대중독재를 더욱 부추기는 일들 자행하기도 한다.

중요한 것은 젊은 세대들이 도대체 어떤 생각을 가지고 행동하는지를 알아야 한다. 그들과 대화하고, 그들의 삶을 존중하며, 가정과 사회와 국가를 향한 바른 가치관과 개인적 성품을 함양할 수 있도록 교육하고 도와야 한다. 이들 젊은 유목민의 힘을 올바른 곳에 사용할 수 있도록 이끄는 것도 중요하다. 만약 그리스도인들이 선한 연대감을 형성하는 단체와 혹은 시스템을 통해 이들과 함께 길을 갈 수 있다면, 정치, 경제, 사회적인 문제들로부터 많은 부분 선한 결과를 이끌어 낼 수 있을 것이다.

4장에서 언급한 협동조합운동이라든지 지역통화운동을 통해 교회가 이런 디지털 유목민들의 관심과 의지를 이끌어낼 수 있다면 18세기에 일어났던 영국의 존 웨슬리의 '영적대각성 운동'이 다시금 사회적으로 일어나지 않으리란 법이 없다. 그리스도인은 세상 사람들과 소통할 수 있어야 한다. 그들에게 하나님 나라를 소개하고 그들을 대화의 장으로 이끌어야 한다. 작금의 시대는 돈이 중심이 되는 사회다. 이러한 사회를 하나님 중심의 사회로 전환하려면 서로의 마음과 생각을 읽어주고, 서로를 위하여 배려하는 소통과 화합의 운동이 절실히 필요하다.

존 웨슬리(John Wesley)의 신앙운동은 개인적 성화(personal sanctification)를 통한 부흥운동으로만 끝나지 않고, 18세기 영국사회의 구조적 문제를 변혁시키는 사회적 성화(social sanctifica-tion)운동으로까지 확대되었다. 그 중에서도 사회적 성화운동은 사회봉사(social service)와 사회적 구조변혁(social transformation)의 차원에서 경제적, 정치적, 사회적 희년운동으로까지 발전했다.

웨슬리학자 아우틀러(Outtler)는 "신앙의 본질은 내면적이지만 신앙의 증거는 사회적"이라고 말한다. 이것은 웨슬리의 사회적 운동이 그리스도인의 신앙적 결과로 나타나야함을 강조하는 말이다. 또한 1977년 옥스퍼드 대학의 런연(Theodore Runyon)교수는 그의 책 "성화와 해방"에서 웨슬리를 혁명적 실천가로 해석하였다.

웨슬리의 성화운동은 영국의 평범한 사람들 속에서 실천되었다. 웨슬리는 당시의 금기사항이었던 옥외설교와 거리전도를 실천하였다. 웨슬리와 조지 휘트필드(George Whitefield)는 상류층 사람들을 대상으로 설교하지 않고 광부와 농민, 노동자들을 향하여 복음을 전했다. 또한 웨슬리는 학교복음화와 병원설립, 은행설립, 교도소방문 등 당시에 굶주리고 헐벗은 사람들을 위해 사회적 차원의 복음전도와 치유운동에 최선을 다했다.

웨슬리의 복음전도와 사회적 봉사 및 사회구조개혁운동에서 중요한 것은 사람들이 중생을 경험하고, 성령세례를 체험하며, 성령충만하여 '성결한 삶'을 사는 것이다. 성결한 삶은 다른 말로 그리스도인들이 실천해야할 하나님과 사람, 사람과 사람간의 소통운동이다. 하나님 나라를 전하는 소통의 키워드는 바로 성결을 실천하면서 사는 삶이다. 그러므로 웨슬리의 사회적 운동은 바로 성결한 삶을 실천한 모델로 귀감을 삼아야한다.

성결의 현대적 표현은 사랑의 실천이다. 현대를 사는 그리스도인들이 성결한 삶을 실천하려면 하나님을 사랑하고 이웃을 사랑해야 한다. 특별히, 내가 가진 소유를 내어놓고 하나님을 사랑하고 이웃을 사랑해야 한다. 그리스도인이 이런 성결한 삶의 자세를 가지고 세상을 품을 때, 비로소 이웃의 아픔과 고통에 귀를 기울일 수 있게 된다.

"돈은 중요하지만 성공의 채점표가 되어서는 안 되고, 돈은 행복의 필요조건이지만 충분조건이 되어서는 안 된다." 웨슬리는 "자본주의는 도구에 지나지 않는데 숭배의 대상이 되고 우상화되는 것이 문제다."라고 지적한다. 때문에 그리스도인들은 맘몬을 숭배하는 일에 적극적으로 대처하며 청지기적 정신으로 자연과 사람을 관리하고 돌봐야 한다. 이 세상의 모든 것은 하나님의 소유다. 근검절약하고 공정하게 분배하며 나눔의 삶을 사는 것이 자본주의적 삶의 방식을 극복할 수 있는 적극적인 태도고 성결한 그리스도인의 바른 삶의 자세다.

진정한 부자

그리스도인이 세상에서 승리하는 삶을 사는 것과 경제적으로 부자가 되는 것은 어떤 상관관계가 있는가, 경제적 부와 신앙적 삶은 비례관계인가? 아닌가? 그리스도인들은 일반적으로 경제적 부와 신앙의 결과를 동일한 위치에 놓고 생각한다. 그러나 성경은 물질적으로 부자가 되기 위해 살라고 말하지 않는다. '경제적 부(富)'가 그리스도인의 신앙을 판단하는 잣대가 될 수는 없다. 오히려 하나님은 완전히 다른 기준과 측정의 수단을 가지고 '진정한 부(富)'의 기준을 제시하신다.

찰스 스텐리는 그의 "돈은 어떻게 할 것인가?"에서 다음과 같은 예화를 들며 부의 기준에 대한 생각을 피력한다. "1923년 미국에서 가장 부유한 여섯 명이 시카고의 한 호텔에 모였다. 그들은 수년간 극히 부유한 삶을 살았고, 종종 미디어를 통해 삶의 좋은 모델로 제시되었다. 찰스 슈왑(Charles Schwab)은 가장 큰 철강회사의 사장이었다. 그러나 그는 자기 생애의 마지막 5년간을 빌린 돈으로 연명했으며 종국에는 한 푼도 없이 죽었다. 리처드 위트니(Richard Whitney)는 뉴욕 증권 거래소의 사장이었다. 그러나 그는 자기 생애의 마지막을 교도소에서 복역했다. 알버트 폴(Albert Fall)은 대통령의 각료 중 한 사람이었다. 그러나 그는 자기 생애의 마지막 순간에 집에서 죽을 수 있도록 사면을 받고 감옥에서 나왔다. 제시 리보모어(Jesse Livermore)는 월 스트리트의 시세를 가장 잘 예측하는 거물이었다. 그러나 그는 마지막에 자살로 생을 마감했다. 이반 크루거(Ivan Krueger)는 당시 세계에서 가장 큰 전매회사의 대표였다. 그러나 그도 자살했다. 리온 프레이저(Leon Frasier)는 국제

주택은행의 총재였다. 그러나 그도 자살했다."

　　당시에 위 사람들의 돈을 합하면 미국 전체 재정보다 더 많았다. 그들은 부자였지만 신앙적으로는 실패했다. "최선을 다해 세 명의 자녀를 양육하고 있는 경건한 한 어머니가 있다. 그녀는 남편에게 버림받았기 때문에 자신과 자녀들의 생계를 위해 오전 9시에서 오후 5시까지 일한다. 그녀는 매일 밤 자녀들에게 성경 이야기를 읽어 주며 침대 옆에 무릎 꿇고 그들과 함께 기도했다. 그녀는 초과 근무를 하기보다는 토요일에 아이들을 공원에 데려가고 주일에는 그들을 교회에 데리고 간다." 이 어머니는 세상적인 가치관으로 보면 부유하지 않다. 그렇지만 그녀의 자녀들이 하나님의 말씀에 따라 성장하고 올바른 그리스도인으로 사는 것에 만족한다면, 자녀들과 하나님 나라에 갈 때까지 더없이 행복하게 사는 것이다. 세상의 경제적 기준으로 보면 부자는 아니지만 신앙적 기준으로 보면 부유한 삶을 산 것이다. 왜냐하면 그는 돈을 얻은 것이 아니라 자녀들을 얻었기 때문이다.

　　"자기 회사의 고층 사무실에서 일주일에 80시간을 보내는 한 남자가 있다. 그는 자기 사업동료들과 일주일에 한 번 골프 치러 가는 시간 외에는 언제나 일을 한다. 그는 자기 아내와 자녀들을 돌볼 틈이 없고, 아들의 운동경기나 딸의 공연에 거의 참석하지 못한다. 그는 크리스마스와 부활절에만 교회를 가는데, 그때는 아무도 일하지 않고 증권시장도 문을 닫기 때문이다." 이 남자는 경제적으로는 부자다. 하지만 하나님이 보시기에 진정한 부자인가? 아내와 자녀들과의 관계가 부적절하고 친구들과의 관계도 사무적이다. 세상의 기준으로는 돈을 벌었을지 모르겠지만 잃은 것이 너무도 많다. 그는 돈을 얻었지만 자녀와 아내와 친구를 잃었다.

미래학자 엘빈 토플러는 "부의 미래"에서 돈이 많다고 해서 부자가 아니라 사람들과 관계가 좋은 사람이 진짜 부자라고 말한다. 불의한 청지기 비유에서 예수님이 불의한 청지기를 지혜롭다고 말한 뜻은 돈으로 사람을 얻었기 때문이다. 세계에서 중국의 상인들이 장사를 잘한다고 소문이 나 있다. 사람의 심리를 잘 파악하고 잘 이용한다는 뜻이다. 더불어 최인호의 소설 '상도'에 보면 "진정한 장사는 사람을 얻는 것이다." 라고 말한다. 장사하는 사람들도 돈보다 사람을 얻는 것이 더 중요한 것을 안다. 만약 돈을 얻고 사람을 잃는다면 그 삶은 무가치하다. 돈만 보고 사는 삶이 행복하지 않다는 것을 이제는 누구나 다 인식하고 있다.

그리스도인이 재정의 여유로움으로 풍족한 삶을 산다면 재물을 주신 하나님께 감사해야 한다. 그리스도인이 가진 소유는 자신의 것이 아니라 하나님의 것이다. 자본주의 시장경제의 도움을 받고 사는 그리스도인들은 쉽게 돈의 유혹에 빠지기 쉽다. 하지만 돈의 유혹을 이기고 사람과의 관계를 중요하게 생각하는 마음을 가지면 돈 중심의 삶이 아니라 사람 중심의 삶으로 변화될 수 있다. 사람 중심의 경제적 삶은 이웃들과 함께 먹고 자고 소통하는 가운데 하나 됨을 경험할 수 있다. 그리스도인은 먼저 사람을 귀하게 여기고, 그들을 섬기고, 사랑할 때에, 물질이 주는 순간의 쾌락보다 더 큰 기쁨을 경험할 수 있게 된다. 이웃들을 향해 자신의 소유를 나누고 사랑으로 다가가는 그리스도인은 오래도록 기억되는 기쁨을 소유하게 된다. 사람들과의 관계에서 발생한 기쁨은 쉽게 사라지지 않기 때문이다.

더글라스 믹스(Douglas Meeks)는 "성화와 경제"에서 다음과 같이 말한다. "하나님의 경제를 본받아 성도들이 하나님으로부터 받은 은사와 선물을 우리의 이웃들에게 되돌려 주는 것이 성화다." 하나님으로부터 받은 것들을 나누어 주는 삶이 성화를 이루는 중요한 요소다. 마가복음 10장 10~21절에 보면 부자청년이 어떻게 해야 영생을 얻을 수 있는지에 대해 예수님께 질문한다. 예수님은 "네게 있는 것을 다 팔아 가난한 자들에게 주라"고 말한다. 부자청년은 근심하고 이를 실행하지 못한다. 율법적으로는 완성에 가깝도록 신앙생활을 하였지만 가장 중요한 이웃사랑을 실천하지 못하기 때문에 근심에 빠진 것이다. 성결(Holiness)은 이웃을 향한 사랑의 표현이다. 타자를 위해 자신의 것을 희생하는 자세는 영생을 얻는 척도다.

달라스 윌라드(Dallas Willard)도 부자청년의 비유에서 "진정한 부는 경제적인 부가 아니라 나눔을 통해 사랑의 행위에 동참하는 것"이라고 지적한다.

존 웨슬리는 구원받은 성도의 성화는 하나님이 나에게 주신 모든 은사, 곧 영적인 선물과 물질적인 선물을 다시 하나님께 돌려 드리는 것이라고 말한다. 이 뜻은 돈을 올바르게 사용하지 않는 자, 즉 보물을 하늘나라에 저축하지 않는 자들은 완전성화를 이룰 수 없을 뿐만 아니라 하늘나라에 들어갈 수도 없다는 것이다. 이런 의미에서 웨슬리의 성화를 "경제적 성화"라고도 한다. 돈을 잘 사용하지 못하는 것은 신앙적으로도 옳지 못한 행동이다. 구원받은 성도는 청지기적인 삶의 자세를 가지고 하나님이 주신 것을 잘 관리하여 하나님 나라를 위해 사용하는 자다. 그러므로 온전한 성화를 위해 가장 중요한 것은 올바른 경제적 삶을 살려고 다짐하는 청지기 의식이다. 청지기적 삶을 사는 그리스도인들은 자연과 이웃에게 더없이 중요한 친구다. 그리고 그들과 함께 사는 그리스도인이 진정한 부자인 것이다.

그리스도인의 과제

예수님은 하나님 나라를 소개하면서 나사렛 회당에서 자신의 사명에 대해 말씀하셨다. 누가복음 4장 18~19절에 보면 "주의 성령이 내게 임하셨으니 이는 가난한 자에게 복음을 전하게 하시려고 내게 기름을 부으시고 나를 보내사 포로 된 자에게 자유를, 눈 먼 자에게 다시 보게 함을 전파하며 눌린 자를 자유롭게 하고 주의 은혜의 해를 전파하게 하려 하심이라 하였더라"라고 말한다.

이 사명은 개인적 구원의 역사와 사회적 사건을 동시에 포함하고 있다. 특별히 가난한 자와 포로 된 자, 눈 먼 자와 눌린 자를 살피시고 돌보시는 것이 예수님의 사명이다. 그렇다면 오늘날의 가난한 자들과 포로 된 자들은 누구인가? 그리고 눈 먼 자들과 눌린 자들은 누구인가? 아마도 그들은 자본주의 시장경제의 논리에 따라 사회적, 정치적, 경제적으로 고통 받는 이 땅의 수많은 서민들일 것이다. 따라서 예수님의 대사회적 사명은 오늘날의 사회구조에도 유효하다. 그리스도인들은 이 복음을 전파하고 예수님의 '끝맺음처럼' 이 사회를 향해 희년을 선포하고 새로운 질서가 도래했음을 전해야 한다. 그것이 예수님의 사명선언문을 읽은 그리스도인들의 자세이고 응답이다.

오늘날 그리스도인의 과제는 바로 이러한 예수님의 사명에 부합하고 새로운 질서를 세우는 일에 참여하는 것이다. 그러나 예수님을 따라 사는 삶은 그냥 얻어지는 것이 아니다. 그리스도인은 철저하게 무너지고 부서지고 자신의 자아를 부인해야 한다. 갈라디아서 2장

20절을 보면 "내가 그리스도와 함께 십자가에 못 박혔나니 그런즉 이제는 내가 사는 것이 아니요 오직 내 안에 그리스도께서 사시는 것이라 이제 내가 육체 가운데 사는 것은 나를 사랑하사 나를 위하여 자기 자신을 버리신 하나님의 아들을 믿는 믿음 안에서 사는 것이라"라고 말한다.

"내가 죽고 내 안에 예수님이 사실 때"에 그리스도인은 비로소 자신의 십자가를 짊어지고 예수님의 사명에 동참할 수 있다. 이런 과정을 거치지 않으면 십자가의 사랑을 경험할 수 없기 때문에 온전한 복음을 전할 수가 없다. 예수님은 십자가에 달려 죽으셨다. 그리고 부활하셔서 승천하셨고 다시 오실 것이다. 예수님은 이 세상의 모든 죄를 담당하시기 위해 십자가를 지셨다. 그리고 십자가에서 사탄의 권세를 이기시고 승리하셨다. 골로새서 2장 13~15절에 보면 "또 범죄와 육체의 무할례로 죽었던 너희를 하나님이 그와 함께 살리시고 우리의 모든 죄를 사하시고 우리를 거스르고 불리하게 하는 법조문으로 쓴 증서를 지우시고 제하여 버리사 십자가에 못 박으시고 통치자들과 권세들을 무력화하여 드러내어 구경거리로 삼으시고 십자가로 그들을 이기셨느니라" 말한다.

존 하워드 요더(John Howard Yoder)는 골로새서 2장 13~15절의 말씀을 통해 예수 그리스도의 십자가상의 승리에 대한 견해를 다음과 같이 말한다. "그리스도는 통치자들과 권세들의 가면을 벗기시고 승리하셨다. 그는 폭력을 폭력으로 대항하지 않으시고 죽기까지 순종함으로 폭력을 이기셨다." 통치자들과 권세들은 세상의 지배체제를 둘러싸고 있는 사탄이다. 요더는 지배체제(Domination System)의 힘의 근원을 '환각'이라고 지적했다. 예수님은 십자가에서 이런 사탄의 가면인 환각의 능력을 무너뜨렸다. 이 환각은 통치자와 권세들이 세상에서 가장 힘 있는 통치자라는 것을 세상 사람들에게 확신시키는 능력이다. 예수님은 십자가에서 그 환각으로 형성된 권력을 무너뜨렸다.

에베소서 3장 9~11절에 보면 "영원부터 만물을 창조하신 하나님 속에 감추어졌던 비밀의 경륜이 어떠한 것을 드러내게 하려 하심이라 이는 이제 교회로 말미암아 하늘에 있는 통치자들과 권세들에게 하나님의 각종 지혜를 알게 하려 하심이니 곧 영원부터 우리 주 그리스도 예수 안에서 예정하신 뜻대로 하신 것이라"라고 말한다. 예수 그리스도의 사명을 계승하는 것은 우리 주 그리스도 예수 안에서 예정하신 뜻이다. 교회와 그리스도인은 이 뜻을 순종하며 따라가야 한다. 그리고 교회와 그리스도인들은 통치자들과 권세들에게 하나님 나라를 선포해야 한다. 그것이 교회가 사회 속에서 사랑과 정의를 실천하는 길이다.

그리스도인이 "통치자들과 권세들에게 하나님의 각종 지혜를 알게 하는 법"은 다름 아니라 그들의 실체를 세상에 드러내고 그들 스스로 불법을 인정하게 하는 것이다. 따라서 그리스도인은 주님의 선한 군대가 되어 그들에게 하나님의 법을 알리며 영적인 전쟁을 치러야 한다. 하지만 자본주의 시장경제를 둘러싸고 있는 사탄의 실체는 그렇게 쉽게 드러나 있지 않다. 이미 1장에서 다루었지만 정치적 측면에서, 경제적 측면에서, 환경적 측면에서, 문화적 측면에서, 철학적 측면에서 그 실체를 숨기고 있다. 그들은 수많은 헤게모니를 쥐고는, 세상의 풍조와 향락을 즐기며, 선한 사람들을 유혹하여 노예로 혹은 희생양으로 삼고 있다. 그리고 그 희생의 대가로 세상을 호령하며 통치하고 있다. 따라서 사탄의 실체를 구별하는 것은 쉽지 않다. 하지만 예수님께서 이미 십자가에서 승리하셨던 것처럼 그리스도인들은 그들과의 싸움에서 승리할 수 있다는 믿음을 가져야 한다.

특별히 사탄의 지배체제와 구조를 파악하는 방법이 그리스도인들에게 주어졌다. 그것은 십자가의 비밀이다. 예수님의 십자가는 보혈의 십자가다. 보혈은 죄 지은 인간을 구원으로 인도한다. 그러므로 새로운 생명을 얻은 사람들은 그리스도의 제자로 살아간다. 결과적으로 십자가는 생명의 길이며 능력이다. 그리스도인들이 이 복잡한 세상에서 사탄의 실체를 구별할 수 있는 길이 바로 여기 '십자가의 생명'에 있다. 사탄의 실체는 하나님이 창조하신 피조물의 생명을 위협하는 지배체제다. 생명을 죽이는 환경과 폭력을 양산하는 분쟁과 다툼, 자연을 훼손하는 무제한적인 개발과 어린이들을 배고픔과 질병으로 내몰게 하는 모든 것들이 바로 사탄의 실체다. 생명을 위협하는 지배체제와 사회구조가 바로 사탄의 본 모습이다.

에베소서 2장 2절에 보면 "그때에 너희는 그 가운데서 행하여 이 세상 풍조를 따르고 공중의 권세 잡은 자를 따랐으니 곧 지금 불순종의 아들들 가운데서 역사하는 영이라"라고 말한다. 여기서 "공중의 권세 잡은 자가 바로 사탄"이다. 사탄은 21세기에 세계를 지배하고 있다. 돈이라는 이름으로 가면을 쓰고 나타나 세상에서 올바르게 살려고 노력하는 그리스도인들을 현혹하여 환각을 심어주고 있다. 따라서 이 사탄의 실체를 알고 깨달은 그리스도인들은 그들과의 싸움에서 승리해야 한다. 에베소서 6장 12절에 "우리의 씨름은 혈과 육을 상대하는 것이 아니요 통치자들과 권세들과 이 어둠의 세상 주관자들과 하늘에 있는 악의 영들을 상대함이라"라고 했다.

그리스도인들이 싸워야 할 대상은 분명하다. 세상의 통치자들과 권세들, 어둠의 주관자들과 악의 영들이다. 특히, 재산의 증식을 통하여 자기 소유를 극대화하며 확장시키려는 개인이나 공동체, 국가 단체는 어둠의 세상주관자들과 악의 영에 사로잡힌 포로들이다. 그리스도인들은 영적으로 깨어서 이들과 싸워야 한다.

하나님의 형상을 닮은 그리스도인들은 십자가의 능력으로 세상을 능히 이길 수 있다. 고린도후서 4장 4절에 보면 "그 중에 이 세상의 신이 믿지 아니하는 자들의 마음을 혼미하게 하여 그리스도의 영광의 복음의 광채가 비치지 못하게 함이니 그리스도는 하나님의 형상이니라"라고 말한다. 그리스도의 복음의 광채를 힘입은 그리스도인들은 이 세상의 공중의 권세 잡은 자, 곧 사탄이 유혹할 수 없다. 결국 예수님의 재림과 함께 사탄은 영원히 패배할 것이다. 요한계시록 12장 9절에 "큰 용이 내쫓기니 옛 뱀 곧 마귀라고도 하고 사탄이라고도 하며 온 천하를 꾀는 자라 그가 땅으로 내쫓기니 그의 사자들도 그와 함께 내쫓기니라"라고 말한다.

안토니오 네그리와 마이클 하트의 공동저작 "제국"에 보면, "온 천하를 꾀하는 자 사탄"은 이미 제국을 형성했다. 그 실체는 '돈'이라는 날개를 달고 세상을 활보한다. 지역을 넘어, 국경을 넘어, 인종을 넘어 공중의 권세를 잡고 세상을 지배한다. 이제 그리스도인들에게 남은 과제는 이런 불의한 현실에 참여하여 예수님의 제자로서 시대의 부름에 응답하는 책임적 존재로 사는 것이다. 그것이 세상을 살아가는 그리스도인의 소명이다. 소명은 그리스도의 부름에 응답하고 책임적으로 사는 "삶의 자리"를 지칭한다. 따라서 그리스도인들은 소명 받은 직업 혹은 부르심 받은 직장에서 각자 역할을 다하며 예수님의 십자가의 길을 따라야 한다.

성숙한 그리스도인은 자본주의 시대에 돈의 유혹으로부터 승리하는 삶을 살아야 한다. 청지기적인 책무로 하나님이 맡겨주신 것을 잘 관리하는 그리스도인이 되어야 한다. 그리스도인에게 최고의 가치는 하나님을 사랑하고 이웃을 사랑하는 것이다. 그러므로 예수님의 사랑은 세상의 경제체제를 극복하고 승리할 수 있는 길을 제시해 준다. 사랑하는 마음으로 여는 경제적 삶이 돈의 유혹에서 승리하고 세상을 더없이 정의롭게 만들고 가꿀 것이다. Dominus Vobiscum!

Epilogue

대안적 경제를
위한 삶

　하나님보다 돈을 사랑하는 그리스도인들을 향하여 경고의 메시지가 울려 퍼지고 있다. 돈은 인간의 욕망을 부추기고, 인간은 돈의 노예가 되어 인간의 삶의 환경을 스스로 파괴한다. 과학기술이 발전하고, 정보통신기술이 발전하고, 경제적 삶의 환경이 이전보다 더욱 부유해졌지만, 지구의 환경과 인간의 생활환경은 더욱 고립되고 사막화되어 간다.

　그 중심에 인간의 '탐심'이 있다. 탐심은 우상숭배와도 같다. 돈을 사랑하는 것이 무슨 죄가 되느냐고 질문할 수 있겠지만 자칫 돈의 노예가 되면 주변의 환경과 이웃의 삶이 눈에 들어오지 않게 된다. 이기적인 마음이 팽배해지고 이웃과의 다툼이 빈번해진다. 그리스도인의 믿음은 하나님을 향한 믿음이다. 세상에서 성공을 열망하는 개인의 신념과는 다른 것이다.

존 웨슬리는 그리스도인이 돈에 대해서 취해야 할 자세를 일목요연하게 설명했다. "Gain all you can! Save all you can! Give all you can!" 그리스도인은 이 말을 가슴에 깊이 새겨야 한다. 그리고 희년의 경제를 통한 나눔을 시작해야 한다. 자신의 소유를 이웃과 나누는 삶은 훈련을 통해서만 가능하다. 절제의 훈련은 의식적인 가난의 삶을 살고자 하는 마음에서부터 시작된다.

나눔과 절제의 경제를 시행한 그리스도인은 이제 사랑의 경제를 향한 꿈을 펼쳐야 한다. 사랑의 경제는 아직 구체적인 내용이 없다. 대안경제로 소개한 시스템들과 각 교회와 성도들의 상황을 고려한 실제적인 방법들이 매뉴얼화되어 작성되기에는 아직 연구가 더 필요하다. 하지만 사랑의 경제에 대한 그리스도인의 삶의 자세와 방법, 그 원리에 대해서는 충분히 설명을 했다. 그것을 바탕으로 실천적 방법을 제시하는 것은 이 글을 읽고 영감을 얻은 독자들의 몫이 아닐까 생각한다.

사랑의 경제를 위해서는 우선 타자의 입장에서 생각하고 실천해야 한다. 선한 사마리아인과 같이 강도 만난 자를 사랑하는 자세가 바로 그리스도인들이 따라야할 경제적 자세다. 그 원리를 기초로 하여 사랑의 경제를 꾸려가야 한다. 사랑의 경제는 황금률의 속성을 가지고 있다. 타자를 위해 희생하고 섬길 때, 자신도 섬김을 받는다. 또한 사랑의 경제는 정의를 실천할 때 더 풍성해진다. 정의는 사랑의 구체적 표현이다. 그 구체적 표현은 특별히 공유경제와 사회적협동조합을 통해 나타난다. 사랑의 경제는 지역경제에 대한 희망을 품고 시작해야 한다. 교회는 신자유주의 시장경제 시대에 지역의 마지막 희망이다. 따라서 교회는 지역을 섬기는 경제적 길을 제시해야만 한다. 그렇게 하기 위해서 효과적인 시스템을 구축할 필요가 있다. 이 책 모네타에서 제시한 대안경제의 모델인 지역화폐와 프라우트 제도가 그 교량역할을 감당할 수 있다.

바라기는 교회가 자본의 실체를 파악하고, 사탄의 지배체제를 세상에 알리며, 대안의 공동체로 헌신하기를 바라는 마음 간절하다. 이 글을 읽은 독자들은 그저 지식의 습득으로 혹은 감정의 공감으로만 머물지 않기를 바란다. 구체적으로 주변 사람들과 공유하고, 그 내용을 살펴서 대안의 경제 시스템을 세워 각자의 삶의 영역과 교회, 그리고 이웃사회에 실현할 수 있도록 후속작업을 진행하기 바란다. 돈은 선순환시켜야 한다. 고인 물이 썩듯이 돈만을 위해 살거나 돈을 움켜잡으려고 아등바등 떨면, 우리의 삶이 썩게 마련이다. 돈보다 하나님을 더욱 사랑하고 하나님 나라를 위해 헌신하는 그리스도인들이 날마다 넘쳐나기를 소망하며 돈에 대한 긴 여정의 마침표를 찍어 본다.

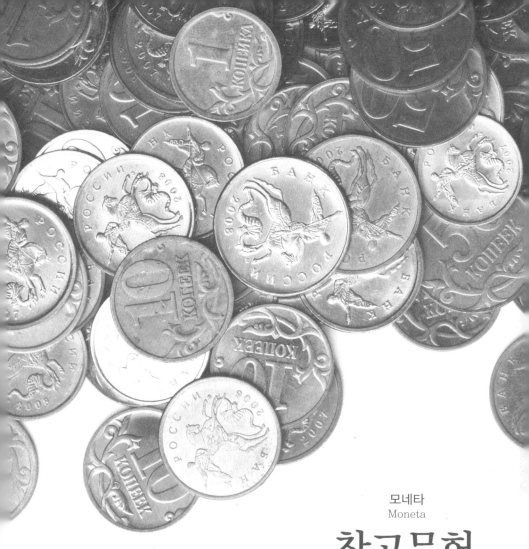

모네타
Moneta

참고문헌

모네타 참고문헌

고병권.「화폐, 마법의 사중주」서울:그린비, 2005.

그리스도교철학연구소.「현대사회와 정의」서울:철학과 현실사, 1995.

권터 브라켈만.「기독교 노동윤리」백용기 옮김. 서울:한들출판사, 2004.

김우창.「깊은 마음의 생태학」경기:김영사, 2014.

김덕영.「게오르그 짐멜의 모더니티 풍경 11가지」서울:길, 2008.

김홍기.「존 웨슬리의 경제윤리」서울:대한기독교서회, 2001.

김홍기.「존 웨슬리의 성화론」서울:한들출판사, 2008.

김성기외.「사회적경제의 이해와 전망」강원:아르케, 2014.

게오르그 짐멜.「돈의 철학」김덕영 옮김. 서울:길, 2013.

나카무라 히사시.「공생의 사회 생명의 경제」윤형근 옮김. 서울:한살림, 1995.

다다 마헤슈와라난다.「자본주의를 넘어」다다 칫따란잔아난다 옮김. 서울:한살림, 2014.

디트리히 본회퍼.「윤리학」손규태, 이신건, 오성현 옮김. 서울:대한기독교서회, 2010.

디트리히 본회퍼.「신도의 공동생활」정지련, 손규태 옮김. 서울:대한기독교서회, 2010.

로나 골드.「공유경제」안명옥, 하윤희 옮김. 서울:조윤커뮤니케이션, 2012.

로날드 사이더.「가난한 시대를 사는 부유한 그리스도인」한화룡 옮김. 서울:IVP, 2005.

로버트 기요사키.「앞으로 10년 돈의 배반이 시작된다」고영태 옮김. 서울:흐름출판, 2012

로버트 뉴즈「너희는 도둑질하지 못한다」성찬성 옮김. 서울:가톨릭출판사, 1995.

로버트 스키델스키, 에드워드 스키델스키.「얼마나 있어야 충분한가」김병화 옮김. 서울:부키, 2013.

로버트 안델슨, 제임스 도오시.「희년의 경제학」전강수 옮김. 서울:기독교서회, 2009.

르네 데카르트.「방법서설」최명관 옮김. 서울:서광사, 1983.

리처드 헤이스.「신약의 윤리적 비전」유승원 옮김. 서울:IVP, 2007.

마이클 더글라스 믹스.「하나님의 경제학」홍근수, 이승무 옮김. 서울:한울, 1998.

마이클 샌델.「왜 도덕인가?」안진환, 이수경 옮김. 서울:한국경제신문, 2011.

마이클 샌델.「생명의 윤리를 말하다」강명신 옮김. 경기:동녘, 2011.

마이클 샌델.「돈으로 살수 없는 것들」안기순 옮김. 서울:와이즈베리, 2012.

마이클 샌델.「정의란 무엇인가」이창신 옮김. 경기:김영사, 2012.

마이클 노바크.「민주자본주의 정신」김학준, 이철희 옮김. 서울:을유문화사, 1986.

마이클 앨버트.「파레콘」김익희 옮김. 서울:북로드, 2003.

막스 베버.「프로테스탄티즘의 윤리와 자본주의 정신」김덕영 옮김. 서울:길, 2011.

머니투데이 특별취재팀.「앞으로 5년 결정적 미래」서울:비즈니스북, 2014.

무하마드 유누스.「사회적 기업만들기」송준호 옮김. 경기:물푸레, 2011.

무하마드 유누스.「가난없는 세상을 위하여」김태훈 옮김. 경기:물푸레, 2008.

미로슬라브 볼프.「광장에 선 기독교」김명윤 옮김. 서울:IVP, 2014.

미로슬라브 볼프.「삼위일체와 교회」서울:새물결플러스, 2012.

미셸 초스도프스키.「빈곤의 세계화」이대훈 옮김. 서울:당대, 1998.

미셸 초스도프스키.「전쟁과 세계화」김현정 옮김. 서울:민, 2002.

미셸 푸코.「감시와 처벌」오생근 옮김. 서울:나남, 2003.

박명수.「근대 복음주의의 성결론」서울:대한기독교서회, 1999.

반다나 시바.「자연과 지식의 약탈자들」한재각 외 옮김. 서울:당대, 2000.

볼프강 후버, H.R.로이터.「평화윤리」김윤옥, 손규태 옮김. 서울:대한기독교서회, 1997.

쏭훙빙.「화폐전쟁」차혜정 옮김. 서울:랜덤하우스, 2009.

아르투르 리히.「경제윤리1, 2」강원돈 옮김. 충남:한국신학연구소, 1995.

아나톨 칼레츠키.「자본주의4.0」위선주 옮김. 서울:컬처앤스토리, 2012.

아마르티아센.「정체성과 폭력」이상환, 김지현 옮김. 서울:바이북스, 2010.

안토니오 네그리, 마이클 하트.「다중」조정환, 정남현, 서창현 옮김. 서울:세종서적, 2008.

안토니오 네그리, 마이클 하트. 「제국」 윤수종 옮김. 서울:이학사, 2002.

양낙흥. 「깨끗한 부자 가난한 성자」 서울:IVP, 2012.

울리히 벡. 「위험사회」 홍성태 옮김. 서울:새물결, 2006.

울리히 벡. 「적이 사라진 민주주의」 정일준 옮김. 서울:새물결, 2000.

울리히 벡. 「아름답고 새로운 노동세계」 홍윤기 옮김. 서울:생각의 나무, 1999.

울리히 두크로. 「자본주의 세계경제의 대안」 손규태 옮김. 서울:한울, 1998.

이가옥, 고철기. 「공동체경제를 위하여」 대구:녹색평론사, 2001.

이삼성. 「세계와 미국」 서울:한길사, 2002.

이진경. 「노마디즘1,2」 서울:휴머니스트, 2007.

에른스트 F.슈마허. 「작은 것이 아름답다」 이상호 옮김. 서울:문예출판사, 2002.

에른스트 F.슈마허. 「내가 믿는 세상」 이승무 옮김. 서울:문예출판사, 2003.

앨빈 토플러. 「위험사회」 김중웅 옮김. 경기:청림출판, 2007.

위르겐 몰트만. 「희망의 윤리」 곽혜원 옮김. 서울:대한기독교서회, 2012.

월터 윙크. 「사탄의 체제와 예수의 비폭력」 한성수 옮김. 경기:한국기독교연구서, 2004.

장종익. 「협동조합 비즈니스 전략」 서울:동하, 2014.

정윤성. 「마을기업 희망공동체」 서울:상크스마트, 2014.

조지 제이콥 홀리요크 「로치데일 공정선구자 협동조합 역사와 사람들」 정광민 옮김.

서울:그물코, 2014.

존 롤즈. 「사회정의론」 황경식 옮김. 서울:서광사, 1985.

존 F.캐버너. 「소비사회를 사는 그리스도인」 박세혁 옮김. 서울:IVP, 2013.

즈비그뉴 브레진스키. 「통제불능의 세계」 최규창 옮김. 서울:을유문화사, 1993.

즈비그뉴 브레진스키. 「거대한 체스판」 김명섭 옮김. 서울:삼인, 2013.

제레미 리프킨. 「3차 산업혁명」 안진환 옮김. 서울:민음사, 2012.

제레미 리프킨. 「육식의 종말」 신현승 옮김. 서울:시공사, 2006.

제레미 리프킨.「소유의 종말」이희재 옮김. 서울:민음사, 2002.

최윤섭.「헬스케어 이노베이션」서울:클아우드나인, 2014.

케네스 콜린스.「존 웨슬리의 생애」박창훈 옮김. 부천:서울신학대학교, 2009.

타나카 나츠코.「이탈리아 사회적경제의 지역전개」이성조 옮김. 강원:아르케, 2014.

토마 피케티.「21세기 자본」장경덕 외 옮김. 경기:글항아리, 2014.

페터 울리히.「신자유주의시대 경제윤리」이혁배 옮김. 서울:바이북스, 2010.

한스 페터 마르틴, 하랄트 슈만.「세계화의 덫」강수돌 옮김, 서울:영림카디널, 2003.

한병철.「투명사회」김태환 옮김. 서울:문학과지성사, 2014.

한병철.「피로사회」김태환 옮김. 서울:문학과지성사, 2014.

허상봉.「하나님의 경제 사람의 경제」대전:멘토리움, 2010.

허상봉.「돈과 인생」대전:멘토리움, 2012.